U0861416

中国名村志文化工程
Culture Project of Local Records of China's Famous Villages

乔李村志

LOCAL RECORDS OF QIAOLI

山西省临汾市尧都区乔李镇乔李村志编纂委员会　编

方志出版社
Publishing House of Local Records

图书在版编目（CIP）数据

乔李村志 / 山西省临汾市尧都区乔李镇乔李村志编纂委员会编．-- 北京：方志出版社，2017.12
（中国名村志丛书）
ISBN 978-7-5144-2779-0

Ⅰ．①乔… Ⅱ．①山… Ⅲ．①村史—临汾 Ⅳ．①K292.55

中国版本图书馆 CIP 数据核字（2017）第 305562 号

·中国名村志丛书·

乔李村志

编　　者： 山西省临汾市尧都区乔李镇乔李村志编纂委员会
责任编辑： 李　静

出 版 人： 冀祥德
出 版 者： 方志出版社
地址　北京市朝阳区潘家园东里 9 号（国家方志馆 4 层）
邮编　100021
网址　http://www.fzph.org
发　　行： 方志出版社图书经销中心
电话　（010）67110500
经　　销： 各地新华书店
排　　版： 北京纺印图文设计制作有限公司
印　　刷： 北京中科印刷有限公司

开　　本： 787 × 1092　1/16
印　　张： 14.25
字　　数： 269 千字
版　　次： 2017 年 12 月第 1 版　2017 年 12 月第 1 次印刷

ISBN 978-7-5144-2779-0　**定价：** 116.00 元

·版权所有　翻印必究·

◉ 序一

连绵不断地编修地方志是中国独有的优秀文化传统，承担着赓续文明、传承文化的重任。保存至今的8000余种、10万余卷历代方志，蕴含着传统文化基因和海量文化信息，既是中华优秀传统文化的重要组成部分，又是传承、彰显中华优秀传统文化的重要载体。

在各种类型的地方志编纂中，村志编纂古已有之，但从未进入国家层面的地方志编纂序列。新中国成立以来，党中央、国务院高度重视包括村志编纂在内的地方志工作，出台了重要文件。中央领导发表了重要讲话、作出了重要批示。习近平总书记高度重视包括村志编纂在内的地方志工作。2004年10月，他在担任浙江省委书记时到江山市凤林镇白沙村考察，看到村民编纂的《白沙村志》，鼓励村民把村志继续编纂下去。2014年4月，刘延东副总理在与第五次全国地方志工作会议部分会议代表座谈时指出："要结合发展的新形势，加强对地方志包括部门志、行业志、专题志、乡镇村志编纂的业务指导和服务。"2015年8月，国务院办公厅印发的《全国地方志事业发展规划纲要（2015—2020年）》，正式将中国名村志文化工程列为主要任务之一。2017年5月，中共中央办公厅、国务院办公厅印发的《国家"十三五"时期文化发展改革规划纲要》指出："完成省、市、县三级地方志书出版工作。开展旧志整理和部分有条件的镇志、村志编纂。"可以说，村志编纂迎来了历史上的最好时期。

农业、农村、农民"三农"问题，是数千年来影响中国社会发展最核心的问题。中共中央高度重视"三农"工作，从2004年起，连续13年，每年的中央1号文件都聚焦"三农"。中共十九大报告更是提出"农业农村农民问题是关系国计民生的根本性问题，必须始终把解决好'三农'问题作为全党工作重中之重"，特别是提出了"乡村振兴战略"，这是中国共产党在中国特色社会主义进入新时代后，对农村发展问题所做出的准确把握和与时俱进的战略应对，是建设中国特色社会主义强国战略的重要组成部分。改革开放近40年来，在党中央、国务院高度重视社会主义新农村建设的新形势下，各地涌现出一大批历史文化名村、经济强村、新农村建设示范（试点）村、美丽乡村和特色村，成为先进生产力和先进文化的代表。客观记录中国农村全面建成小康社会的进程，向后人展示在中国共产党领导下农村千年未有的巨变，是地方志工作者肩负的光荣而重大的历史使命。编纂中国名村志丛书，是记载当代中国农村发展变革的重要途径。

文化寻根，寻的是其发展的源头和根基。村落是中国传统文化的根基所在。农村的生产生活方式、社会规范、宗族文化、宗教文化、民风习俗、传统节日、民间艺术等，无不镌刻着中国人独特的民族性格，这就是家国情怀、文脉绵延、精神归属。在快速城镇化进程的冲击和开发性破坏下，大量传统村落面临消亡的危机，村落蕴含的历史文化信息也流失殆尽，抢救性保护刻不容缓。编纂中国名村志丛书，是保存村落历史文化信息，抢救、保护村落文化最好的方式。

一方水土养一方人。家乡的山水草木、村间小巷、乡俗民情会在每个人心头留下深刻的烙印，这就是故土情结。而村落的形成与发展离不开人的活动。编纂中国名村志丛书，通过记述村落建筑、名门望族来追溯村落的历史；通过记述村落规模、布局、人口、物产等反映人口来源、宗族兴衰、生活习惯、文化背景、宗教信仰、经济发展等，体现环境与人相互影响、相互作用、相互发展的既矛盾又统一的关系；通过记述戏剧、音乐、舞蹈、美术、文学、手工技艺等文化形式，展示百姓在长期的生产生活实践中摸索和总结出的智慧结晶，强化人们沟通感情的纽带。编纂中国名村志丛书，是传承乡俗、诉说乡音、记住乡愁、纾解乡思，激活历史传统、唤起共同文化记忆、塑造共同心灵认同的重要文化工程。

中国名村志文化工程以践行文化自信、传承中华文脉、彰显时代发展为己任，以打造全国地方志系统的重要品牌为目标，在体裁运用、篇目设置、资料选择等方面进行大量的创新，突出“名”和“特”，拣选各个名村中最值得记述、最具有代表性的人、事、物，予以浓墨重彩的描画，从而形成系列的、高质量的、可读性强、雅俗共赏的地方志读本，让地方志紧接地气、贴近百姓，让地方志成果进入寻常百姓家，让人民群众共享地方志成果，让越来越多的人从地方志中感知传统、历史和记忆，成为传统村落和传统文化的守护者，成为中华优秀文化的传承者。

是为序。

中国社会科学院院长
中国地方志指导小组组长　王伟光
2017年11月

◉ 序二

习近平总书记指出："让居民望得见山，看得见水，记得住乡愁。"这句富有诗意的重要论述不仅唤醒了中国人城镇化建设过程中对于人和自然关系、人和历史关系的思考，同时也引发了学界对"乡愁"进一步进行文化意义解读的兴趣。从本质上看，乡愁是一种源自主体体验的情感，隐含了一种人们带着乡愁追寻自我生存与生命意义、追寻诗意栖居的精神家园的美学思辨。同时，这种追寻自我生存的主体逐渐转向大众群体，乡愁也由传统单一的"文化乡愁""爱国情怀"演变为对于"理想家园"的精神追求。

中国有近 60 万个村庄，约有 5000 个古村落，被住房城乡建设部和国家文物局界定的传统村落就有 1561 个。随着中国城镇化步伐的加快，乡村的版图日渐凋敝，大批农村青壮年劳动力走进城镇，融入了新的生活。然而，每逢传统佳节，那种挥之不去的离愁别绪挟裹着亿万农民工，又融入了返乡的滚滚洪流。这是乡愁的情愫牵动着他们，是故乡的山、故乡的水、故乡的老屋、故乡的小吃在牵动着他们，是故乡家家户户的楹联和口口相传的故事，以及只有在隆重的传统佳节才有的古老的民风习俗在牵动着他们。

文化可以体现一个民族、一个国家、一个社会的重量与体温，这是文化的力量之所在，而村落是传统中国的根脉所系，乡土社会是最能够体现中国传统文化特征的地方。梁漱溟曾指出："中国文化是以乡村为本，以乡村为重，所以中国文化的根就是乡村。"我曾在《建设社会主义新农村的理论与实践》一书中指出，在新农村建设的过程中，必须"保护和发展有地方和民族特色的优秀传统文化，创新农村文化生活的载体和手段，满足农民群众多层次、多方面的精神文化需求"，而编纂村志尤其是实施中国名村志文化工程就是一个重要举措。实施中国名村志文化工程，编纂中国名村志丛书，以最基层的村落为研究对象，寻根传统村落的历史，梳理村落的发展脉络，以唤起人们的归属感和认同感，探索新型城镇化和社会主义新农村建设过程中，如何留住乡音、乡风、乡思，继承传统文化精华，挖掘丰富历史智慧，是贯彻落实中央城镇化工作会议精神和中共十九大提出的“乡村振兴战略”的重要举措，是当前和今后一个时期全国地方志工作者的重要工作。

虽然村落文化正在日益远离当下生活，但我们可以抓住诸如基本村情、文物胜迹、古村保护、特色文化、旅游名胜、村域经济、风土民情、村民生活、新农村建设、艺文杂记、名人与名村等关键内容，通过志书的手法来诠释乡村文化的精华。我们如实记录着村落里的人和事，以及青山绿水、小河大树、袅袅炊烟，力争以最完整、最原真的方式呈现村落的前世今生。我们要为“迷失”的人留住乡村文化的根脉，让人们难以割舍的乡愁得以慰藉和释放。

中国名村志文化工程将触角伸向那些极具代表性的村落，它们有的历史悠久、名人辈出，有的经济腾飞、重获新生，有的风景秀丽、景观独特，有的地处边陲、神秘莫测……我们挖掘中国不同类型村落的发展之路，为探索新型城镇化和社会主义新农村建设的发展经验、发展模式、前进道路提供历史智慧和现实借鉴。因此，打造以重在表现乡村嬗变为主旨的中国名村志丛书十分必要和迫切，这是一项功在当代、利在千秋的文化工程。

近年来，随着中国经济社会的发展和国际地位的提高，越来越多的人想要认识中国、了解中国、研究中国。在这样的形势下，乡村是不可或缺的一环，我们要集中讲好发生在乡村的故事，向世界呈现一个多元的、立体的中国。乡村历经岁月变迁的风雨，见证着改革开放的步伐，寄托着数代中国人的情感。发生在乡村的故事无疑是血肉丰满的、震撼人心的、引起共鸣的。我们应该有这个自信能够讲好乡村故事，讲好中国故事，描绘出中国的底色，“让每一个中国人都能在地方志中找到自己的位置”。

可喜的是，越来越多的有识之士认识到了这一点，加入到保护、传承、发展村落文化的队伍中来。仅就编纂中国名村志丛书来看，第一批的申报范围就涵盖包括香港特别行政区在内的 32 个地区，申报数量高达 70 余部。“直笔著信史，彰善引风气，为当代提供资政辅治之参考，为后世留下堪存堪鉴之记述”，这是我们的初心和使命。希望中国名村志文化工程的实施，能够带动更多的人关注中国乡村文化，为社会主义文化强国建设作出更大的贡献。也希望越来越多的名村都来融入继承中华文化传统、颂扬中华传统文化的活动中，让正能量更多地润泽温暖人们的心灵，让更多的人“记得住乡愁”！

是为序。

中国社会科学院副院长
中国地方志指导小组常务副组长
2017 年 11 月

◉ 中国名村志文化工程专家委员会

名誉主任　徐匡迪

主　　任　王伟光

常务副主任　李培林

委　　员（按姓氏笔画排序）

毛其智　叶裕民　李　铁　李善同　杨保军　柳　拯

倪鹏飞　魏后凯

◉ 中国名村志文化工程学术委员会

主　　任　李培林

常务副主任　冀祥德

副 主 任　刘玉宏　邱新立

委　　员（按姓氏笔画排序）

于伟平　王　晖　王铁鹏　巴兆祥　田　嘉　苏炎灶

李　江　李孝聪　张大伟　张英聘　陈泽泓　陈　强

◉中国名村志丛书编纂委员会

主　　　任　李培林

常务副主任　冀祥德

副　主　任　刘玉宏　邱新立

成　　　员（按姓氏笔画排序）

马小彬　毛志华　田　洪　任玉华

刘成典　刘爱军　关树锋　贠有强

李云鹤　李秋洪　杨洪进　吴凤端

何喜清　汪德军　张军利　张志仁

陈华康　陈　玲　陈秋平　易介南

胡满达　洪民荣　姚　红　秦向东

袁建勋　高　煜　梅　宏　鄢钢城

管仁富　廖运建　漆冠山　潘捷军

◉中国名村志丛书编纂委员会办公室

主　任　冀祥德

副主任　邱新立

成　员　于伟平　杨海峰　陈　旭　李　江

王丹林　安　山　刘思鸣　丛　珺

宁　芳　张　睿

◉ 山西省临汾市尧都区乔李镇乔李村志编纂委员会

顾　　问　许锁子　李　俊

主　　任　王张虎

常务副主任　邢武明

副 主 任　刘洪顺

委　　员　王中央　吴泉林　郭德杰　贾春保

任志杰　张小龙　李明军

◉ 山西省临汾市尧都区乔李镇乔李村志编辑人员

主　编　王中央

副主编　刘秋祥　郭东升　刘晓峰

编　辑　王金娥　霍建民　黄虎郎　李大林

刘志杰　李青生　张海明　邢根义

张永胜

乔李村农民文化广场

◉ 中国名村志丛书凡例

一、以马克思列宁主义、毛泽东思想、邓小平理论、“三个代表”重要思想、科学发展观、习近平新时代中国特色社会主义思想为指导，坚持辩证唯物主义和历史唯物主义的立场、观点和方法，存真求实，全面、客观、系统记述我国村落发展变化进程和改革开放成果，传承和抢救乡土历史文化，激发爱国爱乡情怀，为探索中国特色新型城镇化建设、社会主义新农村建设的发展经验、发展模式、前进道路提供历史智慧和现实借鉴。

二、为全面反映入志事物发展脉络，各志上限尽量追溯至事物发端；下限一般断至各村志启动编修年份，个别重大事项可延至搁笔。

三、记述地域范围以下限年份的行政辖区为主。为体现名村在更大区域内的意义，可以从更开阔的区域视野记述与该村相关的内容。

四、统一采用纲目体，设类目、分目、条目三个层次。横排门类，纵述史实。除《中国名村志丛书基本篇目》要求的必设类目外，其余类目根据各村实际，依照突出时代特色、地方特色的原则自行安排。

五、综合运用述、记、志、传、图、表、录等各种体裁，以志体为主。

六、除引用文字和附录文献资料外，统一使用规范汉字及现代语体文记述体。记事坚持秉笔直书、述而不作，只记事实，不作评论，寓观点于材料之中。行文力求朴实、严谨、简洁、流畅、优美，具有较强可读性。

七、人物部类遵循“生不立传”原则，人物传主按生年排序，只选录对本村发展有重大影响的人物，不面面俱到。

八、所需数据一般采用政府统计部门数据，无政府统计部门数据时选用主管部门正式提供的数据。

九、数字用法、标点符号、计量单位分别执行国家标准《出版物上数字用法》（GB/T 15835—2011）、《标点符号用法》（GB/T 15834—2011）、《国际单位制及其应用》（GB 3100—1993）和《有关量、单位、符号的一般原则》（GB 3101—1993）。历史上使用的计量单位，如斗、石、里、尺、磅、华氏度等，在引文时可照录。考虑到社会使用习惯，全书中亩不统一换算，1 公顷 =15 亩。

十、自中华民国成立后的纪年，均使用公元纪年。志中所称“解放前（后）”，以当地解放日为界；“新中国成立前（后）”，以中华人民共和国成立日 1949 年 10 月 1 日为界；“改革开放前（后）”，以中共十一届三中全会召开的 1978 年 12 月为界。本志“××年代”，凡未加世纪者，均指 20 世纪的年代。

十一、为节省篇幅，避免重复，本志采用条目互见法。参见条目的表示形式为：参见本志“××类目·××分目·××条目”。

十二、对旧志、古籍中的繁体字、冷僻字一般用简化字或通用字替换，易引起误解的则保留。

十三、记述各个历史时期的党派、机构、职务、地名等，均以当时的名称为准。对频繁使用的名称，首次用全称，其后用简称。

十四、各村志需要单独说明的事项，均在各自编纂始末中记述。

乔李村在中国的位置

乔李村
尧都区
山西省
太原
北京
天津
石家庄
河北省
北京市
天津市
呼和浩特
内蒙古自治区
黑龙江省
哈尔滨
吉林省
长春
辽宁省
沈阳
渤海
黄海
东海
南海
山东省
济南
河南省
郑州
陕西省
西安
甘肃省
兰州
宁夏回族自治区
银川
青海省
西宁
新疆维吾尔自治区
乌鲁木齐
西藏自治区
拉萨
四川省
成都
重庆市
重庆
湖北省
武汉
安徽省
合肥
江苏省
南京
上海
上海市
浙江省
杭州
江西省
南昌
湖南省
长沙
福建省
福州
贵州省
贵阳
云南省
昆明
广西壮族自治区
南宁
广东省
广州
香港
澳门
海南省
海口
海南岛
台湾省
台北
台湾岛
钓鱼岛
赤尾屿
东沙群岛
西沙群岛
永兴岛
中沙群岛
黄岩岛
南沙群岛
曾母暗沙
黄河
长江
图例
北京 首都
天津 省级行政中心
未定 国界
省、自治区、直辖市界
特别行政区界
名村所在县级区域
名村
1：32 000 000
审图号：GS（2017）3697 号

乔李村在山西省的位置

审图号：GS（2017）3697号

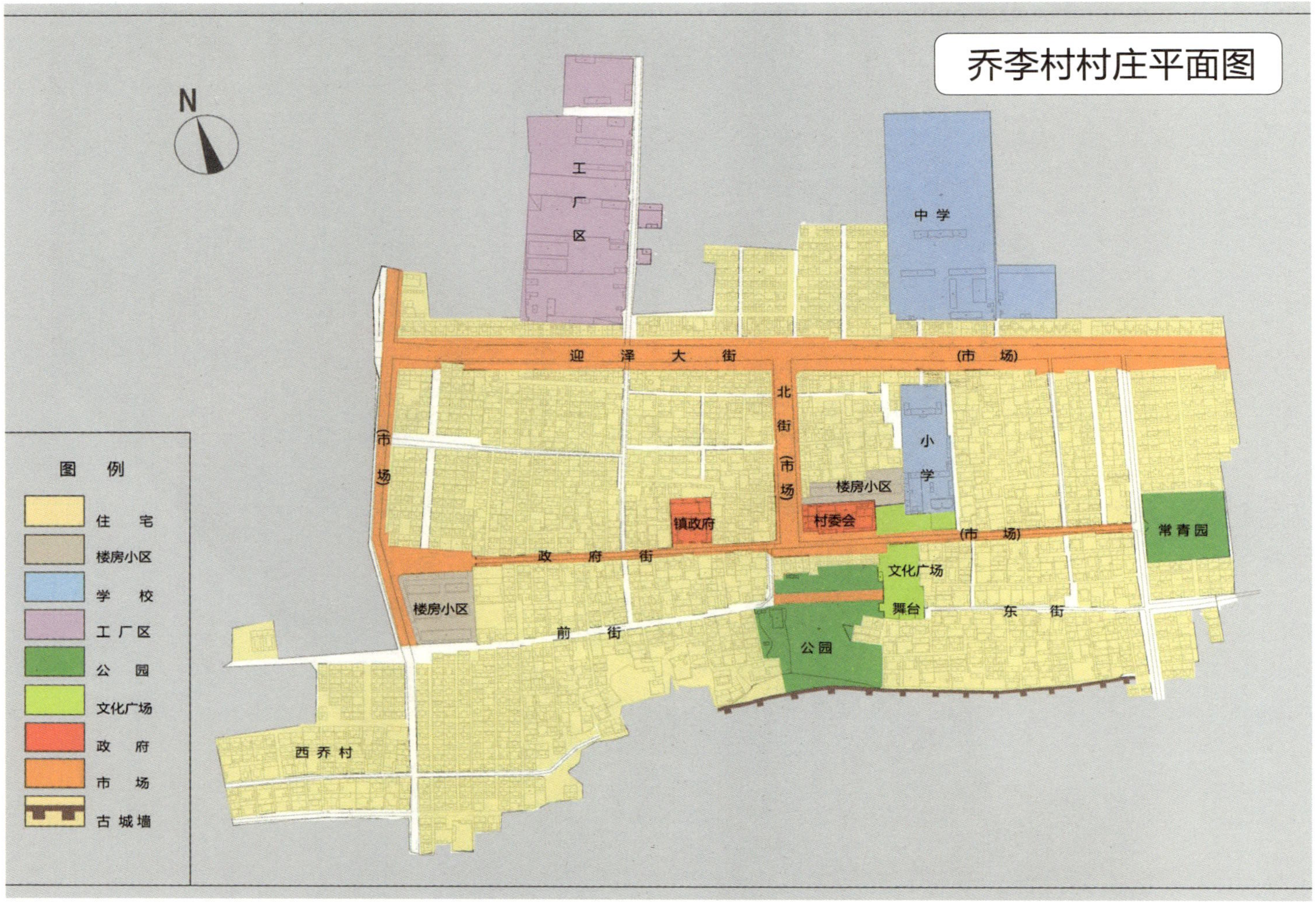
乔李村村庄平面图
N
工
厂
区
中 学
迎 泽 大 街
(市 场)
北 街 (市 场)
(市 场)
小 学
楼房小区
村委会
镇政府
政 府 街
(市 场)
常青园
文化广场
舞台
东 街
楼房小区
前 街
公园
西 乔 村
图 例
住 宅
楼房小区
学 校
工 厂 区
公 园
文化广场
政 府
市 场
古 城 墙

白马城文化公园一角

无限麦田　丰收在望

大棚蔬菜

白马城文化公园一角

四旁绿化

农桐间作

临汾乔李机场外景

乔李村威风锣鼓队

乔李剧场

古白馬城

◉ 目录

概述

山西省临汾市尧都区乔李村是一个古老的村庄，具有两千多年的悠久历史。乔李是一个具有光荣革命传统的村庄，乔李英雄儿女为民族解放和人民革命事业做出了杰出贡献。乔李又是一个社会主义新农村的先进典型，是山西省委、省政府表彰的全省农业战线的红旗单位，是中宣部、中央文明办命名的“文明村”，在发展农村经济和农村改革中做出了突出成绩。1994 年 2 月 1 日，国家主席江泽民曾到乔李视察，并题写“坚持社会主义方向走共同富裕道路”。

乔李村志

千年古城乔李，经历血与火的淬炼，用智慧和汗水在黄土地上谱写出共同富裕齐奔小康的光辉篇章。新一代的乔李，延续厚重的文脉，记住浓浓乡愁，不忘初心，继续奋斗，把乔李建设成更加美丽的乡村。

山西省临汾市尧都区乔李镇乔李村地处临汾盆地中汾河二级台地上，在临汾城区东北10千米处。至2016年年底，共有1188户，5244人。耕地面积5643亩。乔李村是山西省委、省政府表彰的全省农业战线“红旗单位”，是中宣部和中央文明办授予的“文明村”，是全国林业“千佳村”，是临汾市小康建设示范村。1994年2月1日，中共中央总书记、国家主席、中央军委主席江泽民视察乔李村并题词“坚持社会主义方向走共同富裕道路”，对乔李村工作给予充分肯定。

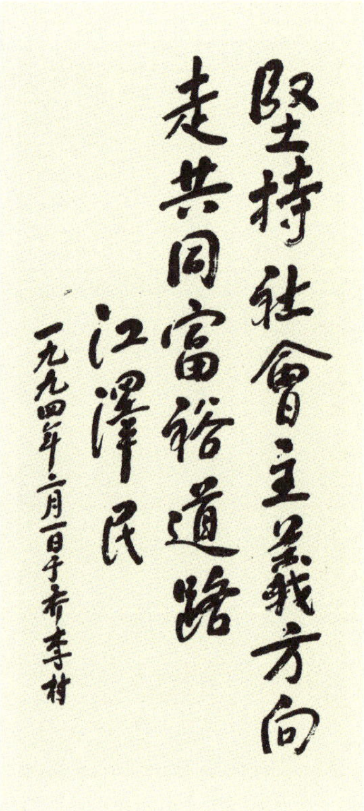

江泽民总书记给乔李村题词

乔李村历史悠久，古称白马城，汉高祖元年（前206）西魏王豹在此建都城。至南北朝时期，北魏神䴥元年（428）魏太武帝拓跋焘擒获夏主赫连昌，为记其战功，广筑禽昌城，在白马城置禽昌郡，后罢郡为县。禽昌为郡、为县自北魏起历东魏、北齐、北周至隋，共178年，其中白马城为郡治14年，为县治84年。隋开皇初年在白马城置西河县，唐贞观十七年（643）并入临汾县，白马城为西河县治62年。

明代“晋商”兴起，据乔李现存孙、李、王、乔等家的家谱记载，这几家都是典型的晋商。他们以经营“盐务”起家，把生意做到扬州、临清、安阳、内黄、顺德、长芦以及天津、京师等地。这些家族在外经商赚钱后，回乡大兴土木，修房建院，并兴办书院教育子弟入仕为官，也有投资公益改良民风者，使乔李益加繁荣起来。至清末民国初，乔李一带农民大量种植棉花、烟叶，有乔李人在天津做棉花生意，在村里建起轧花厂，收购棉花，脱籽打包运往天津，使乔李成为棉花集散地，因此乔李有了“棉花乔李”的称号。村里建有烟叶烤房五处，卷烟作坊制成卷烟或“青条”烟丝，远销上海、江浙一带，乔李成为临汾县与洪洞县间一大集镇。

乔李村有光荣的革命传统。乔李村青年知识分子李少卿于1926年春加入中国共产党，成为临汾县最早的一批共产党员之一，并当选为临汾县第一个党组织——中共临汾地方执行委员会领导成员。此后在艰苦的环境中，坚持为党工作。1936年，红军东征到乔李，乔李村进步青年高维昆带领大家欢迎红军，并第一个报名参加红军。在他的带动下，乔李20多名青年参加了红军。在抗日战争和解放战争中，乔李村130余人参加了八路军、牺盟会和决死队。有18人以身殉国，谱写了乔李历史上可歌可泣的英雄篇章。

乔李村属纯农业区，地处旱垣，十年九旱。60至70年代，乔李党总支带领全村群众大搞农田水利基本建设，建成高灌泵站4座，人工打井160眼，修防渗渠10000余米，建蓄水120万立方米水库一座。80年代，临汾县涝河水库建成，乔李实现了水利化。粮棉产量大幅度提高。同时大力发展林业，实现了大地林网化；先后建成果园4座，总面积达980多亩；大搞平原绿化，栽植杨树速生丰产林2000亩；建苗圃3个，林果业成为乔李的支柱产业，乔李村成为山西省“林业先进单位”，全国造林绿化“千佳村”，王运康和李敬白两位书记先后荣获全国绿化奖章。在此期间，乔李的畜牧业和村办企业也得到长足发展，先后办起马场、牛场、驴场和猪场。大力发展村集体经济，自力更生办起农机厂、机制砖厂、木器厂、面粉厂、纺纱厂和洗煤厂。农村改革中，稳定家庭联产承包，完善双层经营体制，不断壮大集体经济，实现了共同富裕，村民生活逐步迈向小康。

90年代，乔李村党总支从山西省农科院请来5位专家，促进农业科技开发。山西省

乔李村委会夜景

农科院把乔李村确定为全省第一个“农业科技综合开发示范村”，帮助群众建成 50 个日光温室，发展 40 户笼养鸡专业户，新建 100 亩规范化果园。经过四五年的努力，全村小麦亩产由原 80 千克达到 400 多千克，不少农户产量超 500 千克；棉花产量从亩产 40 千克提高到 75 千克；日光温室种植蔬菜面积发展到 100 多亩，其中韭菜名扬临汾；笼养鸡发展到 10 万只，仅此一项一年可为农民增收 40 万元。1994 年 9 月 21 日《人民日报》头版头条刊发《乔李的诉说》，报道乔李村农业科技开发的成果。国务委员陈俊生指示印成单行本，发给基层县、乡、村干部，将乔李村农业科技开发、兴村富民的经验在全国农村宣传推广。

乔李是有名的文化村。村里的业余剧团至今已有八十余年历史。最早在 30 年代，由担任村长的地下共产党员李少卿组织创建，当时叫“家戏”或“秧歌班子”。日本侵略军统治时期停办。解放战争期间，乔李村业余剧团成了临汾县民主政府的专业剧团，被民主政府命名为“民兵剧团”。解放后，村里成立俱乐部，业余剧团每年农闲时间集中排练、演出。1966 年后称“毛泽东思想文艺宣传队”，以村林场为基地，一面劳动，一面排练文艺节目和样板戏，红遍了临汾地区，还到省城太原演出。进入 21 世纪以后，特别是近几年来，农村文化活动出现群众性、多样化的新局面，群众自发组织起文化剧社、中老年舞蹈队、青年广场舞队等组织。全村文化活动出现了群众广泛参与，多种形式并存的新局面。

威风锣鼓是临汾市被列入第一批国家级非物质文化遗产名录的项目。乔李威风锣鼓

乔李村女子威风锣鼓队在临汾表演

队是尧都区的一支代表。解放前，乔李村各街有五支威风锣鼓队，各街曲谱有所不同。解放后全村统一管理，共创新谱统一训练，每年春节后参加县里举办的文艺活动，都以人数多，鼓点铿锵，变化多样，整齐划一，搏得观众阵阵掌声。改革开放后，乔李威风锣鼓队逐步发展成160人的队伍，成为当时全市人数最多的一支队伍，参加各类表演，多次拔得头筹。市里召开劳模大会、举办"尧都区锣鼓艺术节"，乔李威风锣鼓队都被特选作开幕式表演。乔李威风锣鼓队骨干曾被聘为"尧都威风锣鼓艺术学校"教练，多次应邀赴外市、外省传授技艺，使威风锣鼓这一国家级"非遗"项目远播外省市。

乔李村自古崇教尚学，人文蕃盛。明朝末年王师旦即在村里创办心溪书院，书院在封建时代堪称高级学府，在乡村创建书院是非常少见的，且心溪书院坚持办学200多年，至清嘉庆年间还在办学。仅据现存孙、李、王、乔等家的家谱统计，明末至清代就有200多名庠生，46名贡生，7名举人，2名进士。相传村南印台岗上文庙周围，村里每中一名秀才，必手植松柏一株，久而久之，满岗上下松柏成林，郁郁葱葱，足见当时乔李人文蕃盛的景象。辛亥革命后，1919年，临汾县在乔李创办县立第六高小，至1938年因日军入侵而停办。1945年，乔李解放，政府在村恢复了小学。1949年3月建临汾县第四高小，1968年升格为七年制初中，1975年又升为九年制高中。现村里有幼儿园、小学、初中各1所，共有学生900多名，教师80多人。解放初期村民文盲率达80%以上，现村民初中以上文化程度达到90%以上，且有高中、大专文化程度者900余人。几十年来全村考入大中专者450余人，取得硕士、博士学位及出国留学者50余人。使乔李成为名副其实的文化教育高地。

乔李村钟灵毓秀，人才辈出。元代乔彝操守高洁，不畏强寇，阖家殉难，其事载入《元史》。明清两代供奉乔彝于府、县乡贤祠中。明末王师旦“急国难，助军饷”，抗击狂寇，英勇殉国。清代康熙雍正年间李埰曾先后任云南浪穹县（今洱源县）、邓川州（今洱源境内）、江西宁都县、瑞昌县知县，“课农桑、轻徭役”，浚渠筑堰，发展教育，朝廷嘉其“清白良吏”，士民颂其“实政行仁”。其侄李奇龄曾任贵州镇远府知府、江南淮扬河务道。乾隆嘉庆年间王之藩从教三十年，遂成一方大儒。近代乔李村第一位共产党员李少卿是临汾县第一批共产党员之一，也是临汾县第一个党组织的主要负责人之一，终生宣传革命，在白色恐怖下隐于乡下，担任乔李村村长，为民办实事。乔李青年高维昆在太原参加学生运动时被捕，组织营救出狱后潜回家乡，适时红军东征到乔李，他带领群众欢迎红军，第一个报名参加红军，并带动20多名青年参加红军，奔赴延安。乔李六高青年教师张光亚在乔李沦陷后，毅然辞别老母、贤妻、幼子参加八路军，后英勇殉国。全国解放后，王运康响应党的号召，带领群众走合作化道路，发展集体经济，改善群众生活，1975年当选为全国劳动模范、全国第五届人大代表。1989年，许锁子两次当选省人大代表，并当选省第八届人大常委会委员，后又荣膺省特级劳动模范。1989年，李敬白当选为全国绿化劳模。1996年，王张虎被评为全国优秀村委会主任并荣获民政部孺子牛奖。1975年，梁玉珍当选为全国“三八红旗手”。1985年，李秀珍、郭文明的家庭被选为全国“五好家庭”。

解放后，在党的培养下，乔李村涌现出一批高级知识分子。首先发现我国独有的翅果油树的高级工程师李大章。中国美术家协会会员、中国工艺美术家学会理事、高级工艺美术师王有宗。病理学专家、主任医师、教授杨龙泉。中国大学生排球协会理事、山西排球协会常委、山西省体育科学学会体育理论分会副主任、全国体育学报研究会理事、山西师范大学教授吕天赦。山西省优秀教师尤慧珍。山西省中学特级教师王效菊等，他们都是乔李的光荣和骄傲。

2012年后，乔李村实施美丽乡村建设工程：一是把全村大街小巷路面全部重新硬化、美化，硬化面积共计12.8万平方米，同时铺设4.5万米排污管道；并重新整修了农贸市场。二是对全村自来水管道全面改造，满足群众生活用水和工业用水需求。三是全村接通天然气，结束了全村“燃煤时代”。四是新建两个住宅小区，共7栋楼房、276套、面积29610平方米，解决村民和外来经商务工人员的住房需求。五是新建白马城文化广场和城南公园；并将舞台和剧场修葺一新，为村民提供休闲娱乐场所。六是拓宽改造环村公路 2.7 千米，解决集市贸易时村内道路不畅通等问题。七是新建村史馆、乡村文化记忆展示馆和老年活动中心，重新整修了图书阅览室和村档案馆，形成系列化的村民文化活动中心。

经过几十年的卓越奋斗，乔李人真正过上了富足的生活，村民生活质量、精神面貌发生了深刻变化，一个社会主义新农村的乔李正在变得越来越美好！

新建成的村委会

基本村情

乔李村地处临汾盆地汾河河谷的二级台地上，位于临汾城区东北约 10 千米。乔李良田沃野、地势平坦、气候温和、交通便利，汾河的主要支流涝河从村南流过，属纯农业区。全村 1200 户 5200 多人，耕种着近 6000 亩耕地。加上机关、学校及外来经商务工人员，常住人口近万人，是尧都区重点村庄之一，历来为基层区、乡、公社、镇政府所在地。

乔李村志

乔李村历史悠久，地处临汾河河谷的二级台地上，良田沃野、地势平坦、气候宜人、交通便利。常住人口近万人，是尧都区重点村庄之一。

◉ 历史沿革

史前时期　山西晋南地区是中华文明的主要发祥地之一，乔李村地处临汾盆地的中心地带。距今12万年前，襄汾县丁村一带即有早期智人生息繁衍，史称“丁村人”，乔李距丁村遗址不足40千米。中国最早的宫城——襄汾县陶寺遗址是以新石器时代龙山文化陶寺类型为主的遗址，考古证实，距今4000年左右，这里已出现国家文明的雏形。乔李村距陶寺遗址25千米，与陶寺遗址、丁村同在汾河二级台地上。相传中国古代圣王帝尧建都于平阳（即临汾河西平水之阳），与乔李相距20千米。而帝尧陵在乔李向东10千米处。

西周　周封杨侯国的国都一说为洪洞县曲亭镇的范村，一说为淹底乡的杨张村，乔李村距范村15千米，距杨张村仅3千米。北魏郦道元《水经注》：“涧水（指洪安涧河）……又西经杨县古城北，……汾水经杨城西……黑水（指涝河）西经杨城南’。”据此，乔李之地即在“杨城”范围之内。

春秋　晋献公灭杨侯国，杨为采邑，为杨氏县，乔李之地属晋国，在杨氏县域内。

战国 韩国初期都城设在平阳，乔李之地属韩，仍为韩之杨氏县地。

秦 秦行郡县制，乔李之地归属河东郡杨县。

西汉 汉高祖元年（前206），项羽徙魏王豹于河东，都平阳，为西魏王，西魏王豹在此筑白马城为其都城。此乔李之地称白马城之始。

高祖五年，刘邦灭项羽即皇帝位。西汉实行部、郡、县制，乔李之地（白马城）属司隶校尉河东郡杨县。

新莽时改河东郡为兆阳郡，改杨县为有年亭上隶司隶校尉部，乔李（白马城）为有年亭地。

东汉 恢复西汉制及名，乔李（白马城）仍属司隶校尉部河东郡杨县地。

三国·魏 乔李（白马城）为魏之杨县地，初隶司隶校尉部河东郡，魏正始八年（247）隶司州平阳郡，此平阳为郡之始，白马城为平阳郡杨县地。

西晋 晋承魏制，乔李（白马城）仍为司州平阳郡杨县地。西晋永嘉二年（308），刘渊建汉国称皇帝都城设在平阳。杨县隶司隶校尉部雍州平阳郡。

东晋十六国 乔李（白马城）所属平阳郡杨县地，先后属前赵、后赵、前燕、前秦、西燕、后秦。

南北朝 乔李（白马城）之地先后属北魏、东魏、北齐、北周。北魏初期乔李（白马城）为东雍州平阳郡杨县地。

北魏神䴥元年（428），魏太武帝拓跋焘擒夏主赫连昌，为记其胜利，在古白马城（乔李）置禽昌郡，（此时，平阳郡治杨县）。由此，白马城又称禽昌城。

北魏太平真君二年（441），罢平阳郡和禽昌郡，改杨县为禽昌县，治所由禽昌城移杨县城（即由今乔李移至范村或杨张村）。白马城（乔李）为郡治共14年。

北魏太和十八年（494），北魏自平城（今大同市）迁都洛阳，复置杨县（治范村或杨张村），禽昌县复治古白马城（乔李）。

北魏建义元年（528），改唐州为晋州，与禽昌县共治白马城。同年自禽昌县析出置义宁县（治今安泽县和川镇）、安泽县（治今古县岳阳镇）、冀氏县（治今安泽县冀氏镇或府城镇南）。

东魏袭北魏制，古白马城（乔李）仍为晋州与禽昌县治所。

北齐天保七年（556），并襄陵县入禽昌县（仍治古白马城，今乔李镇）。

周平齐后，移禽昌县治于襄陵故城（今县底镇）。白马城（乔李）为县治80余年。

隋 初乔李之地（古白马城）为临汾郡禽昌县（治今县底镇）地。大业二年（606），改禽昌县为襄陵县。仍治襄陵故城。禽昌县共存178年。

开皇元年（581）置西河县，古白马城（今乔李村）为西河县治所。

唐 贞观十七年（643），西河县并入临汾县，从此乔李（古白马城）始为临汾县地，上隶河东道晋州。西河县共存60余年。

五代、北宋、金、元 自唐代前期古白马城（今乔李村）不为县治后，历经五代、北宋、金、元至明代，乔李之地一直属临汾县。

明 乔李属山西布政使司平阳府临汾县。据现存乔李《孙氏家乘》载明初已称“乔李镇”。

至明后期，万历十九年（1591）《临汾县志》载，在天井乡利泽都下有乔村里和李村里。这与村人相传原一为乔村、一为李村，两村合而为乔李的说法是一致的。

清 乔李村属山西省平阳府临汾县。

康熙十二年（1673）《临汾县志》载，乔村里与李村里已合为乔李里，属利泽都。

乾隆四十四年（1779）《临汾县志》载，其中利泽都乔李里下只有一乔李镇（全县只有此一镇独为一里）。清末，村内实行保甲制，十户或几十户为一甲，设乡约（或地保）管理村政。

中华民国 乔李属临汾县。

1918年，临汾县划为五个区，乔李镇属第三区管辖（治大阳镇），废保甲制，村下为闾，乔李分为十闾，闾下为邻，五户为一邻，有名无实。

1937年，日本侵略军进犯山西，山西省政府将全省划分为七个行政区，临汾县属第六行政区。

1938年，日本侵略军侵占临汾后，乔李沦为日伪占领区。

1945年8月，日本投降，乔李解放，建立村政权，属中国共产党领导的临汾县（河东）民主政府（驻岳壁、张家庄一带）第四区管辖。县民主政府上隶晋冀鲁豫边区太岳区二专署（后为二专署）。

1948年5月，临汾解放后，临汾县上隶陕甘宁边区晋绥区晋南中心专区。

附：日伪时期行政区划

民国27年（1938年），日伪山西省公署在太原成立。民国28年9月，日伪成立冀宁道公署（驻临汾），所辖临汾县为一等县。乔李镇被日伪占为据点属临汾县。至民国34年（1945年）8月乔李据点日伪军被八路军歼灭。日伪政权土崩瓦解。

《临汾市志》，2002年版

中华人民共和国 中华人民共和国成立后，县以下实行区、行政村、自然村制。乔李村属第四区（驻乔李村）乔李行政村，包括两个自然村（乔李村和南侯村）。

1953年6月，实行区、乡、自然村制，乔李为第四区（驻乔李）乔李乡，包括乔李村、南侯村两个自然村。

1954年12月，撤销区一级建置，实行乡、自然村制。乔李乡仍包括两个自然村。但县上又设“工作点”领导几个乡，乔李乡属乔李工作点领导。后来“工作点”改称“基点”，也称“基点乡”。

1956年3月，小乡并大乡，实行乡、自然村制。乔李村属乔李乡（驻乔李）。同时乔李村与南侯村联合成立“五星”高级农业社。

1958年9月1日，成立人民公社。乔李五星社（包括乔李和南侯）改称乔李大队，属平阳公社乔李管理区。平阳公社原称“红旗公社”，后改为“红钢公社”，又称“平阳红旗公社”。

1959年3月，平阳公社分为1镇（城关镇）3个公社（屯里、贾得、枕头）。乔李大队改称乔李管理区（包括乔李和南侯），属屯里公社。

1961年5月，屯里公社分为屯里、乔李和东张3个公社，乔李管理区又改称乔李大队，属乔李公社。南侯村自成大队。

1971年7月，临汾县析出4个公社新设临汾市，乔李公社仍属临汾县。

1983年10月，县市合并为临汾市，乔李为临汾市乔李公社乔李大队。

1984年10月，撤销人民公社，改称乡（镇）。乔李公社改称乔李镇，乔李大队改称乔李村，实行村民自治，生产队称居民组，乔李村分为10个居民组。

2000年11月，临汾地区改设临汾市，原临汾市改为尧都区，乔李村属临汾市尧都区乔李镇（驻乔李），至2016年未变。

◉ 自然环境

区位 乔李村位于临汾城东北，地处汾河谷地二级台地。地理坐标为北纬36° 06′ 27″ ~ 36° 08′ 01″，东经111° 36′ 39″ ~ 111° 38′ 37″。村域东西2.91千米，南北3.33千米，总面积约8平方千米。村庄在域内中心偏东。东与洪洞县淹底乡寨子村、柏庄村相邻，东北与淹底乡西张村、程黄村相邻，正北为临汾乔李机场西北与乔李镇南麻城村毗连，西与乔李镇南侯村接壤，南与尧都区段店乡东张村、阎马庄村、西段村、东段村、里仁村隔涝河相望。

乔李村与邻村的距离：与寨子村屋宇相连，距柏庄村、西张村、程黄村均为2.5千米，距南麻城村3千米，距南侯2千米，距东张村2.5千米，距阎马庄村、西段村、东段村均为2千米，距里仁村2.5千米。

乔李村距临汾老城中心15千米，距尧都区政府9千米。

乔李村经临汾到太原高速公路255千米，铁路274千米。到首都北京经大运、石太、京广高速公路767千米，经南同蒲、石太、京广铁路788千米。临汾乔李机场距乔李村1.8千米。

地形 乔李村所在地层为新生界地层的第四系之全新统。而涝河河谷为新生界第四系之上更新统。

乔李村地处临汾阶状洪积冲积平原区，地貌为平坦广阔的平原。属于汾河东岸堆积形二级阶地，高出汾河30 ~ 50米，东部略高，海拔481 ~ 500米，坡度2° ~ 3° 。

乔李村向西约10千米即到达汾河岸边，向东15千米即进入临汾盆地边缘丘陵区。村庄居民区海拔486 ~ 495米，村中心为493米。村西与南侯村交界处481米，村东北距临汾乔李机场跑道南500米，村南涝河河谷最低点（与南侯村地交界处）海拔452米。

河流 乔李村南有汾河支流涝河自东向西流过。涝河原名黑水，发源于浮山县北坞岭山（原名黑山、牛首山），其上游在浮山县境内北为杨村河，南为柏村河，入尧都区境在尧陵以下岳壁村汇合，西经大阳、乔李、东张、在屯里镇与洰河汇合，经高河桥（古高梁桥）在西高河村南注入汾河。全长67.3千米。常年水流量0.62立方米／秒，平均流量1.07立方米／秒，每年平均径流量3260立方米，河水洪枯季节流量变化巨大，最大洪峰流量可达 3470 立方米 / 秒，洪量为 4690 万立方米。水流量大时，可听见河底滚石隆隆作响。涝河以含沙量巨大著称，河水平均含沙量 51.9 千克 / 立方米，年输沙量 175 吨，流域地区土壤侵蚀 3660 吨 / 年 / 平方千米。

涝河历经千万年冲刷，在汾河盆地二级阶地上切割出一道又深又阔的河谷，乔李村南的河谷深 40 米左右，南北宽约 700 ～ 1000 米。在此宽阔的河谷中，河水蜿蜒流过，东从寨子村坡下入乔李村界，西至东张村、南侯村界出，在东西长达 3 千米间拐了四道弯，留下了四个半圆形的河湾地，共约 1000 亩，这是乔李村水利条件最好也最为肥沃的土地，被农民称为“园地”，是旱涝保收的“保命田”。

从前，涝河河水长流不断，很少枯水断流。每年夏秋时节，总要发几次洪水，村人谓“下河涨”，半天到两天洪水即可退去，有时因水量大冲毁田地，浸没庄稼造成灾害。1975 年 11 月至 1980 年 10 月，临汾县在乔李上游 10 千米处的郭行村修建了涝河水库。从此水库以下全部断流。河谷中的 1000 亩“园地”变成了旱地，但乔李属涝河水库受益区，村北 7000 亩旱地每年可自流灌溉 1 ～ 2 次，成了新“园地”。

气候

根据国家气候区划，乔李属暖温带亚干旱第一气候区。地处中纬度内陆黄土高原，属暖温带大陆性半干旱季风气候区。主要特征：四季分明，秋短冬长，夏热冬冷，十年九旱。

乔李村各季节气候特征一览表

表 1

季节	春	夏	秋	冬
平均温度（℃）	10 ～ 22	22 以上	22 ～ 10	10 以下
季节起始日	3 月 26 日	5 月 26 日	9 月 1 日	10 月 28 日
季节终止日	5 月 25 日	8 月 31 日	10 月 27 日	3 月 25 日
季节天数（天）	61	98	57	149
占全年天数（%）	16.71	26.85	15.62	40.82

特征　春季干旱风大，气温不稳。气候第一特征是日温差大，平均在 13℃～ 15℃，有时可达 15℃～ 20℃。第二特征是多风沙，季风沙日数在 40 天以上。第三特征是干旱严重。第四特征是气候灾害频发，早春易受寒潮晚霜影响，发生冻害，小麦、果花受冻枯萎。晚春干热风对正值灌浆期的小麦危害最烈，往往因此减产两到三成。

夏季炎热伏旱，雨量不均。夏季气候第一特征是受副热带高压暖气团稳定控制，湿度大，风速小，天空晴朗，炎热异常，最高气温可达 40℃以上。第二特征是常发生伏旱，在大陆性和海洋性气候相互作用下，最高气温出现在 6 月，平均最高气温在 7 月。往往两三年就发生一次伏旱，1957—1998 年间，就发生过 27 次。第三特征是易发生强对流天气，在伏旱严重期，冰雹天气概率较高。强降雨极易形成洪涝灾害。

秋季阴雨连绵，天高云淡。秋季气候第一特征是降水较多，降水量平均为 130 ~ 140 毫米，占年降雨量的 25%。第二特征是秋季较短，一般不足两个月。第三特征为 10 月雨量锐减，在极地大陆气团控制下，云淡风轻，能见度极佳，常现秋高气爽的晴好天气。

冬季寒冷漫长，干旱少雪。冬季气候第一特征是在四季中时间最长。第二特征是气温偏低，最冷的一月平均气温为 −3.2℃ ~ 4℃。第三特征是干旱少雪。冬季平均降水量只有 13 ~ 15 毫米，仅占全年降水量的 2% ~ 3%。

日照 乔李村年日照时数 2416.5 小时。7 月日照时数最多，为 232 小时，占全年日照时数的 9.6%；12 月最少，为 166 小时，占全年日照时数的 6.9%。年日照百分率为 51%。

乔李村春分、夏至、秋分、冬至日出和日落时刻表

表 2

节气	天亮	日出	日落	天黑	日照时数（小时）
春分	5：33	6：02	18：13	18：43	12.18
夏至	4：39	4：46	19：18	19：55	14.35
秋分	5：16	5：49	17：55	18：27	12.10
冬至	6：33	7：05	16：51	17：25	9.38

气温 年平均气温为 12.0℃，1949 年以后最暖年是 1961 年，年平均气温 13.2℃；最冷年是 1956 年，年平均气温为 11℃。季平均气温：春季 13.8℃，夏季 26.2℃，秋季 13.3℃，冬季 3.2℃。气温年较差为 30.1℃。

气温日较差为 13.0℃，最大日较差集中在 5 月，一般在 14℃ ~ 15℃之间。季平均日较差：春季 13.8℃，夏季 13.5℃，秋季 11.9℃，冬季 12.8℃。

乔李村各月平均气温及日较差表

表 3　　单位：℃

月份	1	2	3	4	5	6	7	8	9	10	11	12	年均
平均气温	−4.0	2.4	7.2	14.6	18.8	24.6	26.1	23.5	20.2	13.0	3.9	−1.4	12.0
日较差	13.2	13.4	13.7	14.2	15.1	14.6	10.9	10.6	11.9	13.3	12.5	12.3	13.0

年极端最高气温主要出现在 6—8 月，日最高气温在 35℃以上日数年平均 18.4 天。1966 年 6 月 21 日，最高气温极值达 41.9℃。年最低气温主要出现在 12 月至次年 1 月，日最低气温在 −10℃以下日数年平均 8.2 天，1955 年 1 月 11 日，最低气温极值达 −25.6℃。

无霜期年平均 210 天，初霜在 10 月 20 日左右，终霜在 4 月 5 日左右。

降水　年平均降水量 500 毫米左右。年、月降水量差距很大，1 月降水最少，一般 3 ~ 6 毫米；7 月降水最多，一般为 120 ~ 160 毫米；7—9 月降水量占年降水的 55% ~ 60%。降水量最高年与最低年相差较大，据尧都区记载，1958 年降水量为 799.9 毫米，而 1965 年降水量为 278.5 毫米，相差 521.4 毫米。

降水日数年平均 76.1 天，以 7—8 月最多，一般达 35—40 天。暴雨日年均 1—2 天，主要出现在 7—8 月。1958 年 7 月 16 日降水量达 104.4 毫米。降雪日数每年平均值为 13.5 天，初雪在 12 月 7 日左右，终雪在 3 月 20 日左右，初终日数 100 天左右。最大积雪深度 160 毫米，发生在 1987 年 3 月 22 日。冰雹等绝对天气较少见。

土壤　乔李村土壤大部分为耕种埋藏黑垆土层黄土状碳酸盐褐土土属。其母质为次生黄土物质，自然条件优越，土壤熟化度高，土壤呈微碱性反应，土性柔和，保肥供肥能力较强，通透性良好，耕作层平均含有机质 1% 左右。涝河河谷中土壤为耕种褐土化浅色草甸土属，耕作层平均含有机质 1.29%。

◉ 居民

人口民族　乔李村截至 2016 年年底，总户数 1188 户，总人口 5244 人，其中男 2553 人，女 2691 人，包括非农业人口 220 人（男 138 人、女 82 人）。另有外来经商务工 227 户、442 人（男 191 人、女 251 人）。镇政府及驻村机关人员及小学、中学教师约 300 人，外村学生约 700 余人。全村常住人口约在 7000 人以上。乔李村历来为汉民族聚居区，少数民族很少。

年龄结构 2016 年年底，乔李村 5244 人中，0 ~ 14 岁 854 人，占总人口的 16.29%；15 ~ 59 岁 3594 人，占总人口的 68.54%；60 岁以上 796 人，占总人口的 15.18%，其中 80 岁以上 76 人，占 60 岁以上老年人口的 9.55%，占总人口的 1.45%，属老年型人口结构。

乔李村 2016 年年底分性别、年龄段人口占比统计表

表 4

年龄段	人数（人）	男（人）	女（人）	占总人口（%）
0 ~ 4 岁	318	165	153	6.06
5 ~ 9 岁	285	152	133	5.43
10 ~ 14 岁	251	127	124	4.79
15 ~ 19 岁	270	142	128	5.15
20 ~ 24 岁	426	183	243	8.12
25 ~ 29 岁	547	233	314	10.43
30 ~ 34 岁	465	238	227	8.87
35 ~ 39 岁	368	192	176	7.02
40 ~ 44 岁	355	191	164	6.77
45 ~ 49 岁	417	217	200	7.95
50 ~ 54 岁	429	210	219	8.18
55 ~ 59 岁	317	154	163	6.05
60 ~ 64 岁	309	146	163	5.89
65 ~ 69 岁	227	100	127	4.33
70 ~ 74 岁	106	51	55	2.02
75 ~ 79 岁	78	28	50	1.40
80 ~ 84 岁	47	19	28	0.90
85 ~ 89 岁	18	4	14	0.34
90 ~ 94 岁	10	1	9	0.19
95 岁以上	1	0	1	0.02
合计	5244	2553	2691	100.00

文化结构 2016 年年底，全村初中及以下文化程度者 3698 人，占总人口的 70.52%。高中及中专文化程度者 559 人，占总人口的 10.66%。大专和本科文化程度者 372 人，占

总人口的 7.09%。（以上各类数字均含在读学生）

2016 年年底乔李村分性别、受教育程度统计表

表 5

	合计（人）	男（人）	女（人）	占总人口 %
总人数	5244	2553	2691	100
小学	965	411	554	18.40
初中	2733	1409	1324	2.12
高中	398	200	198	7.59
中专	161	76	85	3.07
大专	246	107	139	4.69
本科	126	49	77	2.40

说明：均含在读学生

家庭规模 2016 年年底，乔李村总人口为 5244 人，户数为 1190 户，户均人口为 4.41 人。以四人户和五人户居多，占到总户数的 45%。

2016 年年底乔李村家庭规模统计表

表 6

	总户数	总人口	户均人口	一人户	二人户	三人户	四人户	五人户	六人户	七人户	八人户	九人户	十人以上户
数量（人）	1190	5244	4.41	51	98	188	279	257	211	57	40	8	1
占（%）				4.29	8.24	15.8	23.05	21.60	17.73	4.79	3.36	0.67	0.08

姓氏宗族

2016 年，乔李村共有姓氏 153 个，其中 60 个姓氏只有 1 人。人口最多的为李姓，999 人。姓氏人口数排前十的依次为李、王、张、郭、刘、贾、高、孙、霍、杨，合计 3263 人，占总人口的 62.22%。

2016年年底乔李村姓氏人口统计表

表7 单位：人

序号	姓氏	人数	序号	姓氏	人数
1	李	999	37	韩	27
2	王	621	38	于	21
3	张	490	39	闫	19
4	郭	250	40	袁	18
5	刘	213	41	段	18
6	贾	178	42	付	18
7	高	133	43	谭	17
8	孙	130	44	谢	14
9	霍	130	45	翟	14
10	杨	119	46	席	14
11	任	101	47	史	13
12	田	85	48	公	12
13	邢	81	49	秦	11
14	安	78	50	孟	11
15	吴	74	51	魏	10
16	赵	73	52	尤	10
17	陈	72	53	范	10
18	宋	63	54	武	10
19	乔	63	55	朱	9
20	唐	63	56	来	9
21	常	58	57	候	9
22	景	55	58	逄	8
23	吕	54	59	靳	7
24	梁	52	60	葛	6
25	杜	51	61	周	6
26	芦	40	62	曹	6
27	董	39	63	刁	5
28	薛	39	64	卫	5
29	巨	38	65	文	5
30	马	35	66	原	5
31	郑	34	67	姚	5
32	许	34	68	聂	5
33	徐	32	69	石	5
34	冯	32	70	胡	4
35	裴	31	71	亢	4
36	崔	29	72	雷	4

续表 7

序号	姓氏	人数	序号	姓氏	人数
73	苏	4	110	伊	1
74	亓	4	111	鲁	1
75	焦	4	112	尉	1
76	郝	3	113	吉	1
77	齐	3	114	樊	1
78	宫	3	115	屈	1
79	晋	3	116	全	1
80	佘	2	117	阚	1
81	续	2	118	兰	1
82	沙	2	119	蒋	1
83	康	2	120	耿	1
84	孔	2	121	温	1
85	苗	2	122	姬	1
86	卞	2	123	党	1
87	邵	2	124	林	1
88	燕	2	125	卢	1
89	纪	2	126	路	1
90	逯	2	127	荀	1
91	程	2	128	叶	1
92	边	2	129	庞	1
93	熊	2	130	陕	1
94	尚	1	131	迟	1
95	申	1	132	薄	1
96	冀	1	133	柴	1
97	斗	1	134	褚	1
98	龚	1	135	关	1
99	贺	1	136	畅	1
100	锁	1	137	蔡	1
101	南	1	138	严	1
102	仲	1	139	班	1
103	帝	1	140	段	1
104	何	1	141	粟	1
105	穆	1	142	邓	1
106	甘	1	143	潘	1
107	解	1	144	牛	1
108	弓	1	145	奕	1
109	成	1	146	盖	1

续表 7

序号	姓氏	人数	序号	姓氏	人数
147	郎	1	151	曲	1
148	冠	1	152	姜	1
149	彭	1	153	雪	1
150	肖	1			

乔李村宗族较多，大的家族在全村所占比例很小。据 2016 年年底统计，后街王氏家族，在村人口为 282 人，占全村总人口的 5.37%。在村人口 200 人以上的家族仅 2 个，在村人口 100 ~ 199 人的家族共 9 个，在村人口 50 ~ 99 人的家族共 13 个。包括在外人口共 50 人以上的家族共 28 个。

《北街李氏河图家谱》 清康熙四十年（1701），李氏十世孙李湛（字天如一字乐天）绘制，该谱系一长卷，长 1118 厘米，高 54.5 厘米，30 折（页），每页宽 37 厘米。分为文字和绘画两部分，文字 12 页，即《重修家谱说》，每页竖排 11 行，每行 10 字，共 1240 字。绘画部分共 18 页，从山石青松象征木本水源画起，流出一大河，之后分为支流，在水流中依次记载李氏自始祖至十二世名、字、号及嗣子人数名字，世代沿袭，传承清晰。文字部分则详叙修谱缘起及家族历史。此谱收藏于北街李英杰家，2010 年才为人知。该谱书法绘画功力颇深，是件极具艺术价值的历史文物。

《河东孙氏家乘》 麻纸手抄本，已残，创修于明嘉靖十三年（1534），重修于清雍正十三年（1735），传世至今。谱中对创修者孙氏第七世孙侍先，重修者第十二世孙大桧的情况均无记载。

《北街李氏河图家谱》第 2 页（左）和第 8 页（右）

该谱体例完备，主要记录了孙氏第一至第十四世的传承情况，约历经 370 年。大多数配偶、子嗣、中科甲、受封赠记录完整，包括生女、适嫁亦有记载。全谱共计人口 522 人，男 207 人，女 315 人，女性中妻妾 262 人（62 人无姓氏），女儿 53 人。该谱成书已 270 余年，现乔李孙氏后人已无法与谱系续接。

该谱在“绅官考录”中记录有封赠职爵者 20 人，记录生卒年月生平事迹者仅 9 人，多为在河北井陉、栾城、磁州、天津等地经商者的迁徙和定居等情况。

《仓院李氏家谱》 现存两种，一为李奎龄重修本，成书于清嘉庆九年（1804），一为李木天手抄本，抄写于道光十四年（1834），为前者副本。李奎龄重修本又称“敬庥堂”本，为宣纸手抄本。该谱创修于清康熙六十一年（1722），重修于乾隆二十六年（1761）。现存本为嘉庆九年（1804）第二次重修本。

该谱有序言六篇，其中客序三篇，自序三篇，简述李氏历史及家谱纂修过程。该谱世系世录记录了李氏第六至第十二世生卒年、配偶、子嗣、受职爵等详情。起始年份为明嘉靖二十四年（1545），下限为清嘉庆九年（1804）。其后人补记至第十五世。现乔李李氏为一大户，可与该谱衔接，其后人在续写。

该谱记录全族人口 394 人，其中男 175 人，妻妾 219 人，严遵古例，女不入谱，生女状况未著一字。记录中科甲和受封赠情况，有武进士 1 人，武举人 4 人，贡生 4 人，庠生 33 人，增生 1 人，太学生 25 人，共 68 人，占男性总数的 38.9%。受封赠女性 53 人，占女性总数的 24.2%。合计有功名职爵者 121 人，占总人口数的 55.3%，足见当时家族的社会地位。

另外，十一世李奇龄补记了三个内容入谱：

一是记录李氏第七世次支存忠第三子李从龙迁居直隶顺德府邢台县，从第八世传至十三世至世系线图及说明，在邢台县历经百年繁衍，已“俨然一大族矣”，后又迁居邯郸等地。其中记录李氏族人经营盐业生意，经常往来两地情况，是今世研究晋商和迁徙的珍贵资料。

二是“禄公仕略”。实为李垛传略。李垛（1677—1739）字禄公，号宜山，属李氏三门第十世，《临汾县志》有传。

三是清乾隆二十六年（1761），皇上皇太后巡幸五台山，赋闲在家的李奇龄为迎接、歌颂这次巡游，写了七言绝句 30 首（并序）和五言排律一百韵（并序）。这两组诗作，虽为封建士大夫歌颂皇帝的谀辞谄语，但毕竟留下了 300 多年前乔李人的诗作，也有一定价值。

《河东王氏宗谱》现存“济美堂”原本，为宣纸刊印本，绫裱封面，内文 392 页，保存完整。该谱创修于明嘉靖三十二年（1553），其后经清康熙五十一年（1712）、乾隆三十一年、乾隆四十三年三次续修，现存为嘉庆六年（1801）王之藩重修本。

该谱有序跋 16 篇，其中客序 6 篇，自序 6 篇，自跋 4 篇，共 2 万余字。首篇写于明嘉靖三十二年（1553），末篇跋语写于清嘉庆十七年（1812）。跨两个朝代 250 年的文字，特别是其中“本门实录”，详述了家族历史。

该谱记事年限从明成化五年（1469）至重订下限清嘉庆十七年（1812），共计 343 年。共记录 573 人，其中男 238 人，女 335 人，女性中妻妾 304 人，唯东院一支记女儿 31 人。记录中科甲 35 人，举人 2 人，庠生 23 人，太学生 10 人。记录受封赠职爵者 39 人，其中女性 17 人。

该谱中设“家传”和“行实”，为 36 人立传，其中 8 篇为妇女立传，即使继室、侧室，只要有功有德，亦为之传。古人亦取生不立传之原则，对生人以“行实”作一简介，共 13 人，亦有妇女 1 人。

该谱最后两篇，一篇是“四礼干”，是对当时通行的四种礼仪（冠礼、婚礼、丧礼、祭礼）的仪式和规矩的总结；另一篇是“五服须知”，当时长辈去世后，其后人按血缘关系之亲疏而服孝的礼仪制度。这两部分内容提供了 200 多年前民俗礼仪的珍贵资料。

《河东王氏宗谱》

《仓院李氏家谱》（李木天手抄本）

《临邑乔氏宗谱》 现存“德润堂”原本，为宣纸手抄本，封面及前后两页有残损，无封底，存 140 页。该谱为乔氏第五世乔鑑创修，创修时间约在明景泰至成化年间（1450—1487），其后经多次续修或重修。现存世本为清道光十四年（1834）第十七世乔英震重修本，从序言看此为第六次重修。

该谱记录大约 470 年共计 20 代人的事。成谱后，乔氏后人多处补记，虽不全面，却一直记到民国初年。使此谱完整地跨越了明清两个朝代，记录了乔氏一族大约 550 年间世系传承及其族中重要人物中科甲、受封职爵、经商、迁徙等史事。

该谱有序言 11 篇。全谱共计 749 人，其中男 351 人、女 398 人。贡生 1 人，郡庠生 3 人，邑庠生 11 人，武庠生 2 人，太学生 9 人，封赠 7 人，共 33 人。

《高氏家史》 由前街高德华（1934—2006）于 1993—1999 年历时 5 年多编纂，1999 年成书，16 开精装本，约 40 万字，照片 113 幅。是现代乔李的第一部家谱。它记录了高氏始祖兄弟三人于清嘉庆五年（1800）前后自浮山迁到乔李至 1999 年大约 200 年间的家族史。共记高氏 9 代 477 人。书前有其妹高爱华所写序言。此书不是“家谱”，而是“家史”，真实地记录了高氏族人 200 年间繁衍生息、艰苦奋斗的历史，也侧面反映了晚清至改革开放乔李村农民的生存状态。

《山西临汾吕氏家族》 由吕涌泉策划，吕天赦主笔，吕涌水、吕海泉、吕天管等共同编纂，2007 年 10 月成书。

吕氏家族是乔李村移民中很成功的一个家族。这本家史的编著者吕氏诸兄弟的祖父吕效本于清光绪十一年（1885）前后只身一人从山东淄川县和尚庄（今山东淄博市淄川区寨里镇佛村）到乔李，之后又将母亲和弟弟接到乔李，从打短工、扛长工干起，然后置地建房、成家立业、生儿育女，几十年间历尽艰难困苦，终于置得一份家产，繁衍成一个家族。

这本吕氏家史，除记录三代人奋斗历史外，上溯山东老家的两代人，向下第四、第五代正值青壮年华，已有第六代茁壮成长。共入谱八代人，从清嘉庆五年（1800）至 2005 年，合族 108 人，其中男 40 人，女 68 人，现存世 68 人，其中男 25 人，女 43 人。记录了一个典型的家族，也呈现了乔李村民一百多年间的生活状态。

《乔李村王氏族谱》 由王冠成（1942—2014）、王中央纂修，2009 年 7 月成书。记录了北街、东街王氏一族自清乾隆中期至 2006 年共十代 166 人，已故 55 人。

该谱提出十条建设文明家风规范，是一本体例规范，行文严谨，注重训导的家谱。

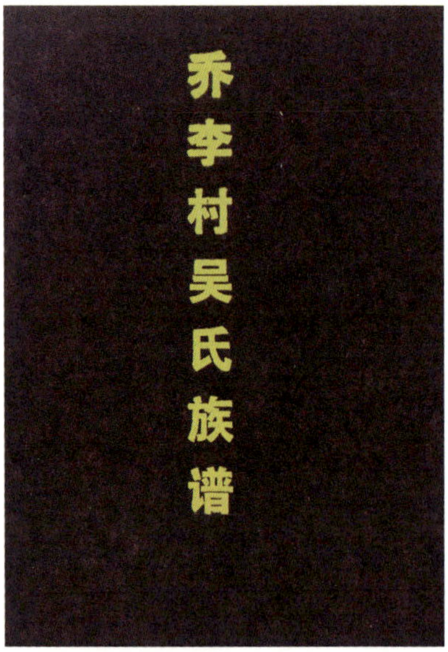

《乔李村吴氏族谱》

《乔李村吴氏族谱》 由吴福昌、吴泉林、吴宣生撰修，2012 年成书。北街吴氏家族大约是明代从浮山吴家坡迁至阎马庄，之后往北过涝河迁到乔李，已历 15 代，400 余年。

合族十五代共有 275 人，已故 140 人。另有“吴氏八字箴言”，作为家教启示后人。附录三篇：吴姓溯源、乔李赋（吴宣生撰）、乔李村 70 年代风俗民情。“后记”为吴宣生所写。

全谱体例完备，文字严谨，装帧考究，印制精良，堪称家谱规范之作。

《我们的家庭状况》 王有宗（1933—2008）写于 2003 年。王有宗是一位画家（本志有传），曾任西安工艺美术厂书记。其大哥王吉宗是老红军，曾任临汾军分区副政委。此王氏一族在乔李为独户，约在清同治年间，祖父从临汾土门镇迁至乔李，已传至第六代。王有宗退休后将家族历史写成文字，记录了约 140 年，共 60 人，至 2003 年，存世 52 人。虽篇幅不长，但文字简洁生动，记录内容全面，并配有村镇院落图照。

《情系豫晋　源远流长——刘门家史资料汇编》 由刘志杰主编，2007 年 10 月成书。刘志杰现于山西焦化股份有限公司焦化三厂工作。此家史资料记录其曾祖父带领其祖父刘连升，于 20 世纪初从河南清丰县逃荒到乔李，近百年来刘家五代人艰难创业，开拓进取的历程。并有河南清丰县老家家谱摘录和世系图，合家部分照片资料。附有乔李村的具体情况、传说、掌故及回忆文章。

《李氏家谱》 由李大林重修，2011 年成书。自 2010 年的北街李英杰发现清康熙四十年（1701）李氏十二世李湛所编绘的“河图”家谱后，李大林遍寻李氏祖茔断壁残碣、牌位、神子，终将现乔李的李氏族人与旧家谱衔接起来，在旧谱的基础上续写重修，形成了完整的“北街李氏家谱”，并考察祖茔，与后街所存《仓院李氏家谱》相对照，确认两家本是同宗分支世代沿袭。

《王氏家谱》 王玉杰续修。后街王氏家族的家谱《河东王氏家谱》原存北京王怀民处，2008 年开始有部分复印件传回，2009 年才将全本复印件传回。王氏族人公推王玉杰续修。然王氏家大人多，又相距 200 年，追寻源流难度甚大，有部分族人可与旧谱衔接，而有些支脉则发生断隔无法衔接。历经五年，查资料、访老旧，终于完成，待梓。

《扬州敦厚堂王氏世系简表》 由王祥麟（逸平）于 2006 年编纂。据《河东王氏宗谱》载，第十八世王颐年于清嘉庆年间去扬州经营盐业，至今历 200 余年，已繁衍九代，子孙散居国内外各地。但他们世代保存着一本乔李王氏第十六世王君傧撰写的《临汾王氏世系暨本房事实序》（河东王氏宗谱序言中有此文），因此可知祖籍是山西临汾乔李镇。

1994 年，王祥麟看了江泽民视察乔李的报道后，知道了王运康，后在互联网上与在北京生活的王氏族人王金水、王朝阳父子取得了联系，并收到他们编纂的《扬州敦厚堂王氏世系简表》。王祥麟系扬州王氏第五代，按乔李宗谱，应为第二十二代。扬州王氏已俨然一大族，现除扬州为数不多后人外，大都散居南京、北京、贵州凯里、哈尔滨、我国台湾以及美国、加拿大等地。他们都是乔李王氏后裔，姑存录于此。

20 世纪 30 年代乔李村古白马城西城墙（近处为后街西门，远处为前街西城门） 张光亚 摄

千年古埠

乔李古称白马城，相传为西汉初年魏豹所筑。北魏郦道元《水经注》云“魏刑白马而筑之，故世谓之白马城”即指此。

北魏神䴥元年（428）魏太武帝在此置禽昌郡，后罢郡为县，历东魏、北齐、北周至隋，禽昌为郡、为县共178年，其治所在此近100年，故乔李又称为禽昌城。

隋至唐初曾在此设西河县约六七十年。

明代“晋商”兴起，乔李的孙、王、李、乔等几家都是典型的“晋商”。他们经营“盐务”把生意做到淮扬、山东、河北、天津至北京，历经三四百年而不衰。

清末至民国，乔李人在北京等地经商，形成了“京客”群体。乔李一带棉花、烟叶产业兴起，使乔李镇成为棉花生产、加工集散地，有“棉花乔村”称号。

乔李村志

乔李古称白马城。北魏郦道元《水经注》云『魏刑白马而筑之，故世谓之白马城』即指此。

◉ 古白马城

乔李古称白马城。现存最早的明万历十九年（1591）《临汾县志》、清康熙年间三个版本的《临汾县志》、康熙四十七年（1708）由著名的戏曲作家孔尚任主纂的《平阳府志》都记载：“白马城：在城东北二十里，魏刑白马而筑之，故世谓之白马城。元魏及唐晋州皆治此。”所指就是乔李村。《辞源》“晋州”条释文为“北魏置东雍州，后改唐州，建义元年（公元528年）

乔李村西门（此处为古白马城城楼原址）

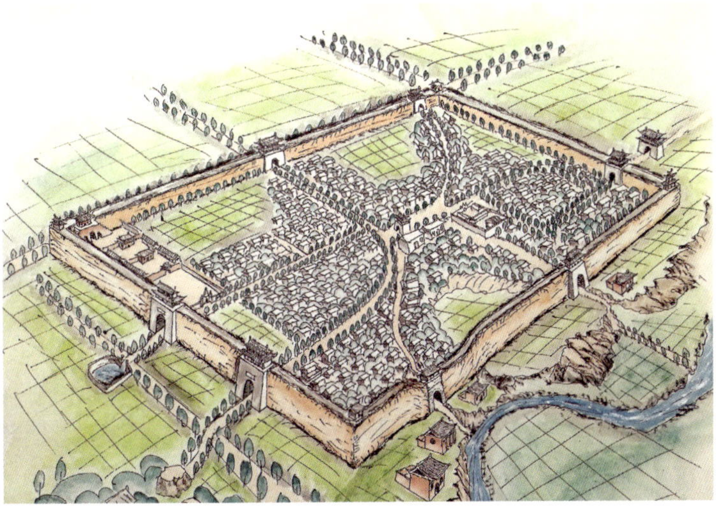

清末至民国时期乔李村（古白马城）鸟瞰图　　刘志杰　绘

又改为晋州，治所在平阳城东北白马城……”此印证了县志和府志中“元魏及唐晋州皆治此”。

在乔李西城门洞墙壁上镶嵌着一通石碑，刻有“汉白马城”字样。乔李村乔氏现存《临邑乔氏宗谱》中有清乾隆二十五年（1760）乔氏十四世乔荣祖所写序言即题为“白马城乔氏宗谱序”，开头即写道“予族世居临汾县乔李镇”。乔李村王氏现存《河东王氏宗谱》中有嘉庆十六年（1811）王氏十六世王之藩所写序言中说：“八世祖讳彦瑞公卜宅白马城乔李镇。”这些记载都证实乔李村即古白马城。

更为确切的实证是与府、县志中“城东北二十里”相符的古白马城在抗日战争前还完整地存在着。这座古城池呈长方形，北城墙长约 1 千米，南城墙比北城墙稍长出 100 余米，东城墙约 500 米，西城墙比东城墙近 600 米，全用夯土筑成，高约 10 米，基座宽也有 10 米，顶部宽 3 米，从前城墙之上行人车马都可通行。自古以来，人们传说它是一匹马的造型：四周共开七道城门，东边只开一门，是为马首，东城门楼外约 100 米，另建一座城楼名曰马首门（原为瓮城）；南北各有两门，是为马之四腿；西边也有两门，靠南的前街城门外有一夯土筑成的高大的方形墩台（烽火台），靠北的后街城门外有一用巨大条石砌成的又深又大的泊池。这七座城门，每座下面都是砖砌的宽敞而深长的门洞，供行人车马出入，上建巍峨高大的城楼，一侧有楼梯可上。城门之上面积甚是宽敞，尤其是东城门楼上，除东向三间城楼外，还建有北房、南房各三间，围成一座约一亩的院落。

在城中大街西端原有一座财神庙，庙不算大，但其门楼很高，其下层为四通券洞，上层有巨大的铁钟，敲响时声闻四乡，这是全城最高的建筑，人们说，它是马背上的鞍鞯，上驮着金银财宝，故称为财神楼。在白马城马首门外有一小村名“筛子里”（今写作寨子村），意为喂马用的筛子。过“筛子里”一条大路向东意为马的缰绳，约四五里到柏庄村，柏庄意为柏桩，系马的桩子，村口有一泊池，为饮马的水池。而在古城之西四里有一村名侯村，有“马上封侯”之意。这些有趣的传说与建筑，构成历经两千多年沧桑的白马古城。

至于白马城建城年代，明万历和清康熙版县志载为魏豹所建。“楚汉间楚立魏之后豹为魏王，及项籍自立为西楚霸王，欲取梁地，徙魏豹为西魏王，王河东地”。“魏刑白马而筑之”为其都城。清乾隆四十四年（1779）《临汾县志》载“此城之筑在魏正始八年分河东郡为平阳郡时”。还有一种说法认为是北魏神䴥元年（428）魏太武帝拓跋焘设禽昌郡时所筑。总之对“魏刑白马而筑之”的“魏”，是魏豹还是曹魏，还是北魏说法不一。但在乔李村西城门洞壁上镶嵌石碑上所写“汉白马城”，是确认汉初魏豹所筑的。

当然，近代所存城垣，未必是当初所筑，也可能是后世重修或重建。2002 版《临汾县志》所载明代所筑是不准确的。因为 1996 年乔李村纺纱厂施工时曾发掘一个圆形穹顶式古墓内有一方砖，上有朱砂文字记载元至正年间侯七为其父，在北城墙外 20 丈构筑此墓，说明在元代城墙就已存在了。

古白马城残存南城墙巍然屹立

这座历史久远的古城，经过抗日战争和解放战争，七座城楼被拆毁，大木门全被卸掉。解放后，长时间得不到保护。由于村民批地建房，村庄改造扩张，城墙逐渐被毁弃，如今只残存部分南城墙巍然屹立，虽经风蚀雨侵，依然可见当年雄姿。

◉ 禽昌城

据2002年出版的《临汾市志》“禽昌城”条目记载：北魏神麚元年（428）魏主为纪念擒获夏主赫连昌，析平阳郡置禽昌郡，治临汾城东北二十里的白马城（今乔李）。太平真君二年（441）罢郡，改杨县为禽昌县，治所由白马城移杨县城（今洪洞县范村或杨张村）。白马城为郡治14年。

北魏太和十八年（494）复置杨县，禽昌县复移治白马城。

北魏建义元年（528）改唐州为晋州，与禽昌县共治白马城。

东魏袭北魏制，白马城仍为晋州与禽昌县治所。

北齐天保七年（556）并襄陵县入禽昌县，仍治白马城。

北周平齐后，移禽昌县治于襄陵故城（今尧都区县底镇）。白马城为县治80多年。

隋大业二年（606）改禽昌县为襄陵县。历史上禽昌郡和禽昌县共存178年，白马城为郡治、县治约100年，所以乔李又叫禽昌城。

◉ 历史遗迹

天池 乔李村西北五里许有一地，名天池，古代曾是一天然湖泊。天池向西四五里有一高阜名三堆岗，三堆岗南北水面分别称南大洋、北大洋，方圆五六里都是湖泊相连水草丰茂的湿地。天池和三堆岗这样毫无知名度的小地方却与历史上一次著名的战争相关联。

北齐隆化元年（576），周伐齐，围攻平阳城（今临汾城），齐主高纬率军自晋阳（今太原）赶来救援，驻晋州（时晋州治禽昌县，即白马城）。此时平阳城交战正急，而齐主却与爱妃冯小怜游猎于天池，“自旦至午，驿马三至”，而右丞相高阿那肱却说，“大家（指齐主）正为乐，边鄙小小交兵，乃是常事，何急奏闻”“至暮，使更至，云平阳已陷”，这时高阿那肱才去奏报，齐主将还，冯小怜还请再杀一围，齐主从之。唐人李商隐的咏史诗《北齐二首》写的就是此事：

（其一）

一笑相倾国便亡，
何劳荆棘始堪伤。
小怜玉体横陈夜，
已报周师入晋阳。

（其二）

巧笑知堪敌万几，
倾城最在著戎衣。
晋阳已陷休回顾，
更请君王猎一围。

这是中国历史上结束三国魏晋南北朝近四百年分裂局面而走向统一的关键一仗。而司马光在《资治通鉴》中按照《魏书》诸人纪、传记述这次战争以及胡三省为《资治通鉴》作注时，他们都不知道“天池”和“三堆”在什么地方。他们以为天池（又名祁连池）在晋北的宁武县，而“三堆”是静乐县城古名三堆城，此二地距平阳城七八百里，如何能“自旦至午，驿马三至”呢？他们把齐主与爱妃游猎的地方与平阳城陷落的时间无法联系起来，所以在《通鉴》注释中说“不能不相抵牾”。天池和三堆其实是相连的一个地方，就是距平阳城仅二十里之禽昌县（白马城）西北的一大片猎场。

后来，经历一千多年的沧桑巨变，至清朝中期，天池还有水。清雍正时重修的《河东孙氏家乘》坟茔图中还绘有天池的水面和位置，之后天池逐渐干涸成为良田。如今乔李村只留下“天池道”一个道路名，原先天池的位置如今已修成宽阔的民航大道。而天池以西的“三堆”，已变成

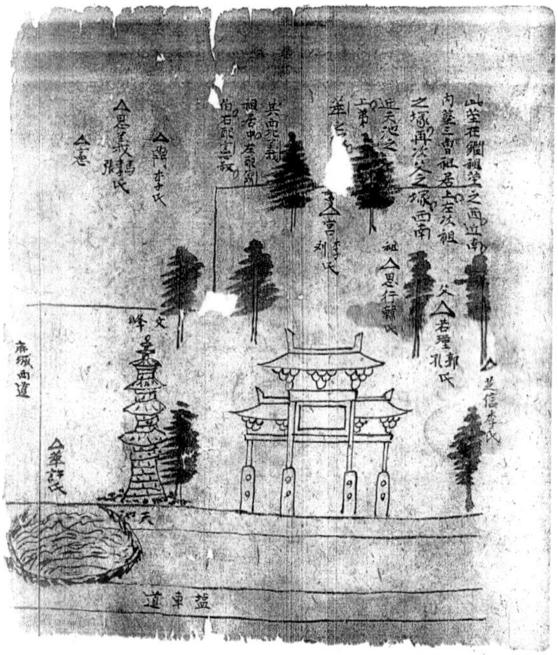

乔李村《河东孙氏家乘》墓茔图中一页［该志重修于清雍正十三年（1735），图中左下角，画有天池，水面尚存，位置在盐车道以北，可证 200 多年前这个天然湖泊还存在］。

一高地，其上几百年前修建的牛王庙至今香火旺盛，而三堆岗南北之南大洋和北大洋却成了南羊村和北羊村。

麻胡坟 从前，乔李四面有四座坟，即城东麻胡坟，城西烈女坟，城南婴儿坟，城北乱人坟。麻胡坟在城东四五里处，占地足有十余亩，高有数丈，上面长满荆棘荒草，远远望去就像一座小山。传说在古代，狼烟四起，不知从何地来了一彪人马，在白马城东北七八里处扎下营寨，听说为首的将军叫麻胡（或马虎），人们就叫这营寨为麻胡城。这麻胡将军残暴如虎，阴险鸷毒。搞得四乡百姓心惊肉跳，昼夜不宁。谁家小孩儿哭闹，大人只要说“麻胡来了！”孩子吓得立即不敢出声。众百姓不堪其虐，秘密联络谋划举事，为了防止走漏风声，他们先在距麻胡城较远的白马城东挖一大坑，然后遣人去请麻胡将军前来赴宴，将其引入大坑，灌醉，四乡人众奋起填土，不一会就将麻胡活埋，人们还怕他钻出来，于是不断培土，结果就培成了又高又大的麻胡坟。人们趁势去攻打麻胡城，麻胡的部从知道首领已死，大势已去，四散奔逃。人们在麻胡的地窖中解救出多名小儿，在一小坡前让各家父母认领。后来人们称这个小坡为“分子坡”，至今犹存。人们占据了麻胡城，后来靠北的部分叫北麻胡城，靠南的部分叫南麻胡城，这就是现在乔李镇北麻城村和南麻城村的由来。后来人们把“麻胡子”作为狼的代称，也常以此吓唬小儿。

关于“麻胡子”的故事，在山西、河北、内蒙古及京津等地都有传说。但像乔李这样既有麻胡城，又有麻胡坟，把故事编得如此“完整”的倒是少有。

印台岗 乔李村南有一座圆圆的山包，名印台岗。相传旧时镇里每考中一名秀才都要在岗上手植柏树一株，久而久之古柏成林，郁郁葱葱，堪称胜境，印台岗东侧，古城大南门外有一条大坡，俗称乔村坡，直通涝河河谷，是连通涝河南北两岸的重要通道，方圆十里八乡有句俗话说“上了乔村坡，秀才比驴多”，从这古柏，从这俗语，可以想象当年古镇人文荟萃的盛况。印台岗上建有一座文庙，印台岗西侧山脚下有一座石牌坊，上书“金声玉振”四字，这是文庙第一道门。出古城小南门向东，过金声玉振坊，进入古柏林中，沿小路踏石阶拾级而上，到达山顶便是文庙第二道门——棂星门，也是一座石坊门，进入棂星门是一片平敞的大院子，实为文庙前院。正北是一座三开的大门楼——大成门，这才是文庙的正门。西面是一座两层的“奎文阁”，下层为门洞，可通文庙东侧小路，上层四角飞檐，是藏书楼。南面是戏台，戏台之南有一排廊亭，名叫望河亭，站在望河亭向南眺望，涝河河谷尽收眼底，流水蜿蜒，阡陌纵横，绿树嘉禾，一派美景。河谷之南，烟村雾树，一直可以望见几十里之外的塔儿山。进入大成门，大成殿端坐正北石阶之上，五开间宽阔的大殿内正中为孔子塑像，两侧为“四配”（颜回、孔伋、曾参、孟轲），东西两壁墙上画着“十二哲”的画像，供桌、香案各种礼器一应俱全。据先人传说，这文庙是按照山东曲阜孔庙的形制构建的。院内东西厢房各三间，可供贫穷的秀才儒生们居住学习之用。大成殿背后还有一小院，地势较低，建有窑洞三孔，是起伙烧茶的厨房。

清光绪《临汾县志》记载，嘉庆年间，乔李有七位老者：王之籓、韩敬敷、韩来升、李完五、常壮斋、裴康侯、王仲皆，俱年高德劭，相契最深，因仿洛社香山遗意，设会于文庙内，经常聚会，登高畅饮，临流赋诗，教化乡民，时人尊称为“印台七老”，众乡民皆钦慕高风，妇孺亦知敬老矣。

关帝庙 出乔李东城门，过马首门，路北有一座规模宏大、建筑精美的关帝庙，戏台在路南，由南向北，先是宽旷的丹墀，实为戏场。经仪门走上长长的甬道，至崇礼殿，最后为春秋楼，南北足有半里多长。庙东侧与梵王宫相连。关帝庙甬道两侧、丹墀周围以及梵王宫内，几十棵合抱古柏荫翳参天，是农夫们夏日歇晌和雨天休憩的好场所。

1938 年正月，日本侵略军侵占乔李，驻扎在关帝庙和梵王宫内，在梵王宫东侧建起十几米高的炮楼，周围挖三四米深的战壕并布满铁丝网。他们让日伪军警备队驻扎在东城门和城西南角的魁星楼上，与之遥相呼应。为不影响视线，他们把关帝庙和梵王宫内的合抱古柏以及目光所及周野所有的树木都锯掉，留下一个个不足一米高的木桩子。日军利用乔李四周有高大城墙封闭的地形优势，把乔李作为他们在临汾东北方向对抗八路军抗日根据地的重要据点。他们把七座城门中的五座堵死，只留东西两门让人们出入，并严加盘查，真正把乔李变成一座大监狱。1945 年 8 月 8 日夜，八路军游击队炸毁梵王宫的日本炮楼，日军逃进临汾城，13 日夜又缴了警备队的枪，俘虏 50 余人，乔李解放！但关帝庙和梵王宫的大部也毁于战争之中。

◉ 明清时期的盐商

明朝初期，北方“九边”（明代北部边塞的九个军事要镇）驻有大量军队，为了解决军队粮草给养，实行了“开中法”，鼓励商民运粮草到“九边”，政府发给他们“盐引”（经销食盐的凭证）。这些人通过经销食盐获得厚利，这就是“晋商”崛起之始。至明朝中期改行“开中折色法”，商人不必再运粮草换取“盐引”，而在内地“盐运司”用银两就可买到“盐引”。据乔李现存四部家谱记载，乔李的孙、王、李、乔几大家族旧时都曾是典型的盐商。以王氏家族为例，约在明朝中期前后，第八世祖王彦瑞“初以二十金血资”到山东临清经营盐务，“历四十余载家累巨万”，其第九世王伯庄、王伯玘兄弟“恢扩父业初理临清，既而镇江鹾务”，兄弟往来淮浙间，渐成巨富。至第十一世王师旦，为“铮铮名士，诰授兵马司指挥”，其王氏“生意与时俱茂，努力扩充”，至明末经过四代人经营，在山东有巨珍号祖业及东杂货、西杂货等店，以致天津、南宫、顺德等处都有其盐务生意。在外赚钱后，在乔李广置田地宅院，“大街铺面城外园圃”应有尽有，同时在后街办起心溪书院，教育子弟入仕为官。后经历明清之际改朝换代，王家生意大受挫折，至康熙年间王氏第十四世王劻、王劼重振家业，“壮游青齐，鞅掌风尘者四十载”，“置田畴建堂构”，把盐务生意做到扬州、临清、台儿庄、获嘉、内黄、大名、天津、京师等地。王氏一支第十八世王颐年留居扬州后人丁兴旺，家业发展，成为一大家族，现散居我国苏、沪、港台地区及海外各地，直到前些年才在互联网上与乔李本族取得联系，认祖归宗。乔李孙氏家族，由经营盐业外迁到河北井陉、栾城、唐州、磁州等地。李氏家族外迁到顺德府邢台县及邯郸等地，从第八世迁出经六七代，已“俨然一大家族”，与乔李的李氏族人“彼此往来与在家无异”。至嘉庆年间第十一世李广龄将家族“盐引”全数卖出后乔李李氏族再无人去邢台才断了联系。乔李乔氏家族在扬州、辉县、鹿邑、郓城、东平、文登等地开有盐店。

◉ 清末、民国时期的“京客”

清朝中后期晋商已由盐商转型为茶商及经营钱庄票号等。乔李在外经商的家族经历几代人的迁徙，大多在经商地落地生根，与故土失去联系。至清末民国初还有乔、王、张、霍、高等几家在北京、天津有商号或股份。如乔家在北京素有“乔八两”之称，是说其商号每天纯收入八两白银。王家（王锜）的商号在西四牌楼。张家（张汉英）的商号在西单叫“红星楼”，并在大栅栏的“寿川”号持有股份。李华亭在东四六条开了“如山”号，在东四七条开了“广兴泰”号。这些商号大多是油盐店。高家在天津经营棉花生意，后来又经营钱庄。还有霍文忠、邢增福都曾任商号的“大掌柜”（经理）。清末，霍凌云在北京前门外粮食店街有名的老字号“六必居”酱菜园当店员。光绪二十六年（1900）庚子事变，八国联军侵入北京，大肆烧杀抢掠，前门外闹市区被烧成一片火海，霍凌云在大火中抢救出明代宰相严嵩所书“六必居”的匾额和一应账簿藏入后场腌菜井内。因霍凌云在看守和重建中立了大功，几个东家商定特送霍凌云一股（占总股份十二分之一），从此霍家成为六必居的股东成员。霍凌云任大掌柜直到1931年前后七十多岁去世时，可以说是“终身掌柜”。表彰他功德的“为守兼优”匾一直挂在店内右侧的墙上，直至解放后公私合营时才取下。

清末至民国时期，社会动荡，农村经济凋敝，农民为生计所迫纷纷外出谋生，许多人家让子弟读几年书，学会打算盘记账，就托人去京津商号当伙计（店员），俗称“熬相公”，村里人称这些“走京的”为“京客”。在20世纪前半期，乔李“走京的”不下百人，形成了一个“京客”群体。这些人中有的在北京干几年又返回乔李，有的则在北京落户成家，有的则是全国解放后回到家乡。这些人大多有文化见过世面，有经济头脑，有较强的处理事务的能力，他们回乔李后不少人当了村干部，为改变乔李的风气，开阔农民视野，提高村民素质，发挥了积极作用。

◉ 棉花乔村

棉花种植在元代就传入晋南，清代中后期在乔李一带大量种植。至清末民国时期，因为村里有人在京津做棉花生意，开通了棉花的销路，刺激村民大量种植，并在村里建起轧花厂，脱籽后打包外运。每逢集日收购棉花，棉农自早至晚排队销售，使乔李成为当时的棉花集散地，因此在临汾、洪洞间人称乔李为“棉花乔村”。同时，农民还大量种植烟叶，村民合伙建有烤房四五处，设有烟坊卷烟或制成“青条”烟丝，远销上海和江浙地区，因棉花和烟叶乔李成为临汾一带的一大集镇。

基础设施

乔李为临汾周边大村之一，交通、邮电、供电等基础设施优先发展。1958 年，乔李村成为临汾农村通电第一村，80 年代铺设了通往临汾的柏油路，村里投资安装了自来水。特别是近年来，乔李党总支、村委会实施美丽乡村建设工程，村内大街小巷路面全部硬化并修建地下排污管道；有线电视、电信网络接到每家每户；村里投资给家家户户接通天然气；改造了供水设施，升级了农村电网，实施了“煤改电”工程，全村告别了“燃煤时代”。

农民住房逐年更新换代，从农家院大瓦房变成高层住宅区，还在村中心建成白马城文化广场和城南公园。

乔李为临汾周边的大村之一，交通、邮电、供电等基础设施优先发展。村民的住房条件和村街巷绿化工程也逐年改善。

◉ 交通道路

古道

官道 即驿道，为潞安府（长治）至平阳府（临汾）的道路。自东北方向安泽县经洪洞县曲亭镇，由洪洞县西张村进入乔李境内，沿“西张道”经乔李村北门外柏王庙后，绕到村西，从西乔村西下大坡，过涝河，向西南上坡经东张村、西孔郭村，过洰河永济桥经康庄村、挂甲庄入东关进临汾。乔李是这条交通干线上的重要驿站，从前有“拉不完的东山，填不满的东关”之说，是说东山里（今安泽县）的粮食非常多，运到临汾东关再卖出。旧时乔李村有车马店，自安泽到临汾运粮车马及商旅行人都要在此歇脚，此为去往临汾的最后一站。解放后，安泽至临汾的公路，由洪洞县曲亭镇向西至甘亭镇与太茅公路（太原—茅津渡）相接，不再经过乔李。

盐车道 盐车道为商道，中国自古盐业专营，明清以来盐业利润为国家财政的重要来源，所以专设运盐道路。乔李村北三里许有一条横贯东西的盐车道，从临汾城北门出过高河桥，经屯里村、张堡村，过王村、北侯村间，从南侯村北入乔李境，向东北去洪洞曲亭方向而至安泽、潞安等地。解放后也随着公路改线而废止。

村际田间道路 乔李村农田多，与相邻村间道路及田间道路长约 2 ～ 2.5 千米。60 年代之前道路呈辐射状。向东有柏庄道、淹底道，分别至洪洞县柏庄村和淹底村。向东北方向有西张道、程黄斜，分别至洪洞县西张村和程黄村。向正北方向有小北门照北道、照北道（出北大门）、洪洞道、洪洞小道，都是田间道路，洪洞道只能通向洪洞城方向。向西北方向有麻城道、高村道、南羊村斜，分别至乔李镇南麻城村、北高村和南羊村。另有向西北的天池道是至本村西北一旧天然湖泊“天池”的道路，如今“天池”早已成为良田，不复存在，而天池道路犹存。向西有侯村道至乔李镇南侯村。向西南有官道过涝河至本区东张村。向南也有两条官道过涝河分别至尧都区闫马庄和东段村。这些道路大多曲折狭窄宽约两三米，旧时车辆经过都留有深深的车辙，雨天则泥泞难行。1966 年起，乔李村对村间道路和田间道路规划整修，经过三四年时间，把全村田间道路整修为南北 9 条、东西 3 条宽 6 ～ 8 米的大道并在两旁开挖路沟栽植行道树，为农田林网化打好基础。东西 3 条路中，靠北一条为民航路，靠南一条为村北东达柏庄，西达南侯村的路，1981 年已扩为县级公路（临汾至洪洞孔峪），其中村北城墙外一段于 1995 年修为“迎泽大街”，宽 60 米，成为重要的集贸街。中间一条“中线路”为田间道路，其中段于 2016 年重铺设柏油路面，成为环村路。南北 9 条路中，自东向西分别叫机台路、程黄道、小北门照北道、林场路（照北道）、纱厂路、麻城道、天池道、高村道、民兵路，其中麻城道于 1995 年作为环镇路，铺设柏油路面。

民航大道 在村北 1.8 千米处横贯东西。是 1958 年修建民航机场时所修的砂石路，长 6.817 千米，宽 10 米，东达乔李机场，西接太风公路（即太茅公路）到临汾市，人

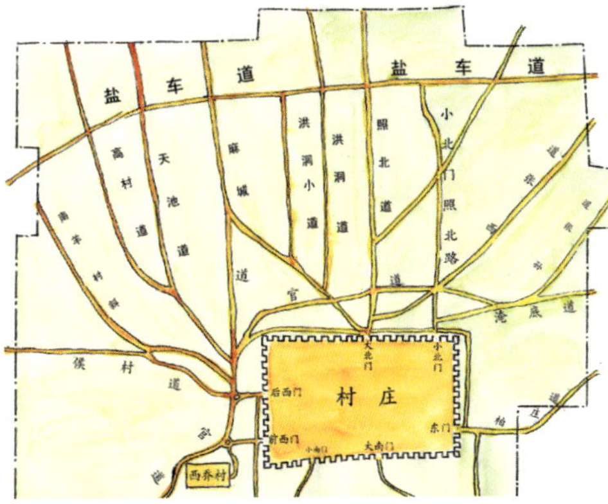

原乔李村田间道路示意图

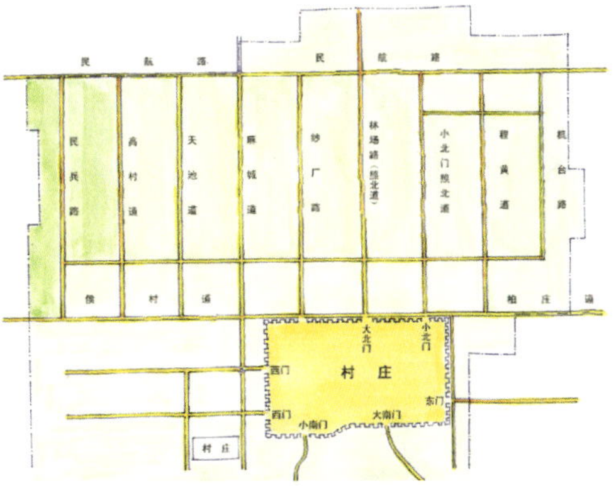

现乔李村田间道路示意图

民航大道

临汾乔李机场

称“民航路”。2009年扩建为民航大道，路基路面采用一级公路标准，配套设施按城市道路主干道二级标准，路基宽62米，双向8车道，排水、照明、绿化等配套设施齐全。东达新建乔李机场航站楼，西接108国道，2010年竣工通车，未来将向西延伸接滨河东路。

县级公路 1973年通车的乔李至张堡公路，西接太风公路到临汾市。长7.5千米。1981年铺设柏油路面，路基宽12米，路面宽8米。1992年改造县级公路，从临汾经屯里至乔李延长到洪洞县孔峪乡。1995年，为实施“村村通”工程，将乔李镇修成环镇路，除乔李西通临汾、东通孔峪的公路重新铺柏油外，又将乔李通往南麻城村的麻城道铺设柏油路面。此路于2010年连接民航大道。

国道108线 2006年，国道108线临汾过境改线，自张堡村北向东至南高村东北折向南，建成临汾北外环路和东外环路，按一级公路标准，乔李距此路仅3千米。

高速公路 2015年开始修建的长（治）临（汾）高速公路，将于2018年建成通车，将在乔李村东4千米处洪洞淹底村与东谷村间留口修高速引线至乔李，向北接民航大道至机场，向西接108国道至临汾城区。

◉ 乔李机场

机场建设始末 1958年10月，国家民航局决定在乔李村北筹建民航机场。1959年3月动工兴建，占地667.5亩，其中征用乔李村耕地580余亩，洪洞程黄村耕地近百亩。跑道长1200米，宽50米，滑行道长200米、宽16米，均由土沙碾压筑成，属四级机场。建有航站楼1座，办公生活用房30余间，工具油库房1座，另修民航大道西接太风公路达临汾市。1959年9月1日建成通航，航线为太原—临汾—长治，巡回往返，所用机

型为安东诺夫 -2 型飞机。1961 年 11 月，因国家经济困难停飞。

1961 年成立晋南航空俱乐部，以乔李机场为基地，培训跳伞运动员。另外，还承担飞机喷洒农药等任务，后停办。1963 年以后委托空军第十二航校（驻临汾）代为管理。

1966 年 1 月，乔李机场所有资产移交中国民航北京管理局。1967—1969 年，国家民航总局和北京管理局曾在此举办毛泽东思想学习班和“五七干校”。之后北京民航管理局与乔李村及程黄村签订合同，将乔李机场所有房产交乔李村代管，土地按原征地分别借给乔李村和程黄村复垦耕种。

1978 年，乔李机场产权由北京民航管理局移交山西省民航管理局，山西省民航管理局曾派人测绘确权，签订合同后仍由乔李村代管，在此期间，乔李村曾将房屋修葺，作为村果园和文艺宣传队活动基地。1979 年，在临汾县教育局支持下在乔李机场办起农校。1982 年，作为村林业队基地，负责管理全村杨树速生林及全村农田林网、四旁绿化树木。实行责任制后乔李村一直派人看管。

临汾乔李机场 2008 年，国家实施扩大内需加大基础设施投资的政策，7 月，临汾市委市政府成立民航机场项目建设领导组，向上级申报民航机场“复航改造”工程项目。2010 年 7 月国家发展改革委同意并批复，9 月 20 日举行奠基仪式。国家发展改革委批复确定：临汾乔李民航机场按照 2020 年旅客吞吐量为 43 万人次、货邮吞吐量为 1500 吨目标在乔李机场原址复航改造。机场性质为民用支线机场，分类属小型机场。占地 3000 多亩，新征地约 2300 亩，其中乔李 1477 亩，南麻城村、洪洞县程黄村、寨子村 3 村共 800 亩。2015 年 12 月建成通航。

◉ 街巷改造

旧时乔李村内街道以居中的大街为中心，向四方延伸出五条街道，大街与五条街相接的街口处分别建有三座大方门和两座“小关楼”，每到夜间，这五处与七座城门将门关闭，大街与各街都形成一个个独立封闭的部分。后来这五处建筑随着七座城门楼一起先后被拆毁。

1973 年，村集体进行街道改造，沿原主街—后街一直向东至东城墙拆开一豁口，建成贯穿东西的一条新的大街，把原大街变成了供销社的后院。之后逐步把原弯曲的小北门街整修为直通南北的四条街道，将原弯曲的前街也扩宽改直。同时对全村主干街巷绿化美化，遍植雪松、塔柏、月季、冬青。1981 年，全村主干街巷铺设柏油或水泥路面。2011—2012 年，重新硬化全村大街小巷路面，将水泥路面铺设到家家户户院落门口。如今全村街道清洁整齐，处处绿树鲜花。

◉ 供电

1958 年，临汾县组织屯里乡和乔李乡 18 个村群众合力修建了一条 9 千米长的“幸福渠”，设想从韩村村西汾河中提水，通过六级提水，将水送到乔李灌溉农田。但由于用电量太大，水费太贵，得不偿失，结果只有三级提水，原来修的四、五、六三个机台及四机台以上渠系没有使用。但另一项收获是，从临汾发电厂经屯里、韩村至乔李的长 23 千米的 10 千伏配电线路建成送电，在乔李境内的“五机台”建设变电站，乔李村成为临汾县乃至晋南专区（当时辖 31 个县）农村用电第一村。1958 年国庆节是送电的第一天，乔李大街上的路灯和家家户户电灯齐明。此后逐步用电发动机代替柴油发电机带动磨面机，之后村里建成“大钢磨”（面粉厂），真正实现了“点灯不用油，磨面不用牛”。

至 1982 年，年供电量 50 万千瓦时。随着村外机井地埋线贯通和村内群众生活水平提高用电量不断增加。2003 年进行农网改造，户改造率达 83%，在原只有 2 台变压器基础上新增 4 台变压器（村内 2 台，村外 4 台），年供电量达到 230 万千瓦时。2010 年，乔李村再次进行农网改造，更新电表 800 多台，实现了一户一表，并配置安装了漏电保护器，先后更换低压老化电线 3 千米，实现户户全覆盖，改造率 100%。村内村外各新增变压器 4 台。改造前 10 千伏电线损耗 18.2%，改造后损耗降为 6.5%，使乔李村供电步入正轨，极大地方便了群众生产生活。

至 2016 年年底，全村变压器共 16 台（村内 7 台，村外 9 台），低压线路长 5.02 千米，居民用电量 38 万千瓦时 / 月，农业用电量 5 万千瓦时 / 月，企业用电量 60 万千瓦时 / 月。

◉ 邮政　通信

邮政　1945 年 8 月，政府即在乔李设邮政代办点，由村人王春华代办，业务包括收发邮件，代售邮票，还代人写信，邮班不正常，一般逢集日投递或有区政府公函同时捎来。1948 年 5 月临汾解放后，县政府迁入临汾，邮政业务趋于正常，隔日投递。1951 年，乔李供销社成立后邮政业务由供销社代营，供销社职工唐三朵为专业人员。1953年，临汾邮政局在乔李成立邮电所，主要办理信函、包裹收投、报刊订阅投递、邮政汇兑、电话电报业务。

1969年新建邮电所，当时在邮政业务方面公社和驻村企事业单位学校及大队和各生产队都订阅《人民日报》《山西日报》《山西农民报》《红旗》等报刊100余份，信函收投每年近千件，收投包裹仅两百余件；邮政汇兑年仅两三千元。在电信业务方面，只有公社大队和驻村单位共安装9部电话，通过手摇电话至邮电所，由人工转接操作交换机至县局，电话业务量每年传输接入约3000余人次。电报业务则是由营业员按密码翻译标注好，通过电话口述密码至城内电报营业厅转发电报每年约200余份。

1980年，全国实行邮政编码，乔李村邮政编码为041072。

1994年，《山西科技报》《山西广播电视报》《山西农民报》《市场信息报》等报刊进入乔李人家，连续多年仅农户个人订阅报刊就达400余份，乔李村种植、养殖、加工等专业户均订购相关专业的报刊。

1996年，乔李邮电所又迁新址，电话由人工操作全部实现程控自动化，全村拥有电话50余部，这一年电话进入普通百姓家（当时安装电话费用昂贵）。

1998年，邮电行业机构改革，邮政、电信分营。2000年，乔李电信所迁入乔李迎泽大街新所。

通信 1999年，乔李村民董掌权代理移动通信业务，中国移动临汾分公司在乔李村开办了全市农村第一家营业厅，起初虽只有客户80余户，但使全村通信事业向前迈出一大步。

2001年8月，邮政寻呼塔建成，乔李信号为96185、96186，村人开始使用BB机。移动公司信号塔建成后，信号为135 ~ 139，开通“神州行”业务。小灵通业务也登录乔李村，当年全村小灵通用户60余户。这一年，乔李电信即可容纳2400门电话，已开通1200门，其中国家机关12门，集体企业20门，村委会7门，村民360门；村民已有手机215部。这一年电报业务停办。

2003年，由乔李村民张忠良申请开办的中国联合通信公司临汾分公司乔李村营业厅正式运营，拥有客户130余户。

2004年，乔李电信所更名为中国网通乔李营业所。

2006年，由村民李福记代理，中国铁路通信公司开通乔李村程控电话业务，装机

180 余户。当年，乔李村电话用户发展到 480 余户。

2007 年，中国网通与中国联通公司合并，中国网通乔李营业所随之更名为中国联通乔李营业所。当年乔李村民开始购置电脑，用宽带上网，用户多是一些做生意的商户和驻村机关、学校。

2011 年，邮政业务逐年减少，根据上级“年收入不足 2 万元的所全部撤并”的要求，乔李邮政所并入屯里邮政所，乔李只设临时邮政代办点。此后，邮政业务几乎停办，报刊收投由屯里所投递员直投订阅单位与个人。

2011 年，中国铁通与中国移动合并。当年，乔李村手机用户已达上千人。

2012 年，网通乔李营业所实施光纤入户工程，改善了乔李村的通信设施。

到 2016 年，乔李村已拥有中国移动通信公司、中国联合通信公司两大通信系统，手机用户达 3000 余人。固定电话 100 余部，宽带用户达到 500 余户，拥有电脑 830 余台。乔李村现代化通信事业空前发达。

◉ 供水排污

乔李村人畜饮水自古以来靠水井，村民用辘轳绞水，用水桶挑回家存于水瓮中备用。井水属浅层水，一般水面至井口深约十米，水深三五米甚至八九米不等。但村中部和南部井水味咸苦涩，不能饮用，只有沿北城墙内四五个井水清澈甘甜。这样南部的居民挑一担水，来回要走 2 千米的路，并且往往因挑水人多，常需排队等候。

1985 年春，村委会投资 16 万元在全村安装了自来水，从东门河里（良田一队）两个井抽水，铺设 800 多米管道，扬程 60 米，在东城墙外高处建一水塔（可容 600 立方水的蓄水池），将水管铺设到每家每户，主管道总长 2400 米，支管道 5500 米，引入家户的细管道约 10000 米，彻底解决了全村人畜吃水问题，且不收或只收很低的水费。

然而，乔李地下浅层水含氟高，经化验不符合饮用水标准。2009 年尧都区实施解决全区农村饮用水工程，从县底镇卧虎山下提水输送到距离约 10 千米的乔李，但乔李地处这一供水系统的末端，每到夏天用水高峰时往往停水。村委会又与上级协调，改从乔李镇南羊村水站调水，乔李距南羊虽不过 4 千米，但地势却高出 40 ～ 50 米以上，所以饮水问题只能说是基本解决。

2011 年，结合硬化大街小巷路面工程，全村建成排污下水道，此后居民家中可建卫生间，逐步废弃家家原有的旱厕。这是改善卫生条件，提高生活质量，加快迈向城镇化建设步伐的一项重要举措。

◉ 供气

2013 年，村委会投资近 800 万元，户均 7000 元，为全村接通天然气，家家户户告别了用煤、柴烧火做饭的时代。近年在环境整治中大部分人家冬季取暖改用天然气壁挂炉，少数人家也改用清洁焦炭，对空气的污染已大大减少。村委会已下定决心在 2017 年内使全村都改造为壁挂炉进一步改善冬季取暖造成的大气污染问题。

◉ 住房变迁

解放前乔李人的住房状况是两极分化，富人住着四合院或大瓦房，四梁八柱砖木结构高大结实，房内“踩棚”分为两层。有名的如后街李家的深宅大院，人们称“钢渣楼”，足见其坚固结实。还有小北门街李家大四合院，四面房子都有走廊，北东西三房都有棚，分为二层，南厅十分宽敞可摆二十桌席，土改后充公做了学校，人称“东校”。而穷人大多住土窑洞或土坯房。在城南沟里、水门坡下及庵坡河里（涝河河谷中）都有依土崖挖的窑洞。村内平地上也有全用土坯碹的窑洞，这种窑洞碹建时拱肩弧弯度很小，几乎直斜而上，所以拱顶部呈尖形，碹好后逐年在顶上加土培成平顶，并每年用泥抹平留下坡度，防雨天积水，也可居住几十年。

土坯房 穷人居住更多的是简陋的土坯瓦房，土坯是把潮湿的黏土放在木模中，用方形石杵捣实，然后晾干成坚硬规整的土块，一般长一尺，宽五寸，厚二寸，当做砖砌墙用。一个强壮劳力一天可以制五百块甚至六七百块。更有的则不制土坯直接用潮黏土筑成背墙和侧面的墙。因前面要留门窗而用土坯砌成。筑墙的方法是须用 10 根直径 6 寸而直匀的木椽，先在两端各立两根夹杆，在夹杆中两边各横放一根木椽，在形成的槽中填入湿度合适的黏土并夯实，再在其上加一根木椽填土夯实，如此三根填土夯实后，将最下一根椽抽出复放之上，再夯一层，如此三根周而复始上下翻置层层夯实加高，即可筑起高约一丈宽约二尺（上稍窄）的“筑墙”，等墙干透后才可建房，如需加高可在上再砌土坯。

这种房子都很狭小，长宽不过三米左右。一般房子房顶中间高分前后坡，向两边流水，叫“两搭厦”，而这样简陋的小房把背墙砌高，前墙很低只向一边流水叫“一搭厦”，还有的虽是两坡但前坡长后坡短，形象的被称为“道士帽”。一般房屋建造有椽有檩，最简易的只有六七根较粗的椽子横担起来，上复雨箔抹泥瓦厦，称为“横担檩”。一般大房都有梁架，穷人的房子则无梁架，檩条直接搁在墙上，称为“硬山搁檩”。

解放后经过土改斗争，贫苦农民分了田地，50 年代，农民安居乐业，注重发展生产，村里新建房者很少，有也是修修补补，或建个偏房厨房。

独家院 60 年代至 70 年代，由于人口增加子女长大结婚分居，更重要的是集体可无偿批给宅基地，圈院建房的人就多起来，许多四合院土改时分给几家人，此时多被分拆各自去建单门独户的农家院，当时批给宅基地还是按传统观念所谓“七分院子八分场”，闲场空院按具体情况给批，大片耕地则按建 5 间北房，东西一般宽 20 米，碹窑最宽可达 22 米以上，南北长视具体地块也可达 20 米以上，这样占地少则六七分，多则接近一亩，由此占用了大片耕地。但此时村民经济条件仍较困难，所建房、窑质量一般较差。建窑洞一般土筑墙壁至少一米厚，背墙则半米厚，用砖碹拱顶，用白石灰砂浆做黏合剂，用少量水泥砂浆灌缝，俗话说“一万三窟窿”意思是用一万块砖可碹三个拱顶。(当时一块砖约一分钱)。窑洞前脸处理简易的方法叫“顶口”，即在窑洞口内安好门窗，窑洞拱圈形外露。一般的方法叫“挂面”，即在外砌成平立面将拱形包藏在内，前脸墙高出拱顶，上砌短檐或花联墙。建瓦房多为用土坯砌墙或筑墙，好一些的叫“四明柱窗台齐”，即从地平起用砖砌 16 层至窗台，以上用土坯，只在房的四角用砖砌柱 (即是

60 年代建的窑洞

独家院

80 年代的大瓦房

“四明柱”），有的前墙和背墙只砌五层或七层。而山墙大多垒高后只顺着“山尖”的斜坡砌三四层砖，俗称“小封山”，好一些的则“山尖”部分多用些砖，砌成三角形，俗称“大封山”。凡土坯砌墙，只用黏土和泥，并不用白石灰砂浆，砌砖则用白石灰砂浆。土坯墙外抹泥上覆白灰，青砖白灰，很是好看。房顶一般每间三根檩条（一根中檩两根腰檩）直接搁在墙上，即“硬山搁檩”。每间 30 根椽，前后坡各 15 根。虽然批五间地基但大多只居中盖三间，两边各空一间（或建一简易厨房）。房内格局为“一厅两房”，即中间为厅堂，两边为卧室。

大瓦房 70 年代至 80 年代，宅基地审批更为严格规范，只按四间批。每块宅基地东西 15.6 米，南北 16 米，占地约 0.375 亩。建房质量有所提高。碹窑者已成少数，并且全用砖碹，前脸“挂面”还要插上走廊。有的则碹新式平顶窑，即拱顶几呈平形，两边拱肩用 22 毫米以上的粗钢筋拉紧以抵消拱顶的水平力矩。建瓦房质量也大为提高，最差也是“砖包背大封山”，即背墙外用砖内用土坯，山墙的山尖全用砖砌内用土坯。好多建房者已不用土坯，清一色的砖瓦房。此时房、窑格局也有了变化。进深由原来四五米延伸到八米左右，分成前后间，高度达到 4.5 米，四间房中大多用大梁（三角架），使中间两间敞开成为一大厅，两边为两大两小四间卧室（或室内厨房）。由于进深加大由原来每间三檩变为五檩，家家建成“农家院、大瓦房、大门照壁加厨房”。此时已开始有人家建水泥现浇顶的平房，为整齐划一，村集体专门在西城墙外规划了一片平房区。

二层楼 80 年代至 90 年代，现浇顶平房成为主流，已无碹窑者，建瓦房者也少了。乘改革开放机遇富裕起来的农民，有钱后首先就想到建房，许多人把建成二三十年甚至不到二十年的房窑拆掉新建。至 20 世纪末 21 世纪初，新建房多为二层楼，少数已建三层楼。房子越建越高越大，建材也在不断更新，木门窗换成铝合金或塑钢，单层玻璃换成双层中空玻璃。室内格局和装潢也发生了更大变化，原来的火炕全换成床，客厅中有沙发和电视墙。随着供电、供水、供气、排污设施的配套使用，家家小楼里都另设了厨房、卫生间，安装了壁挂炉、暖气片。

住宅小区 2012 年至 2014 年，因上级不再批宅基地，村民的住房需求增多。村委会在村中心和村外西南，分别建了中和园和白马城两个住宅小区，7 栋 6 层楼房共 276 套、29610 平方米，优先售给本村符合申请条件的建房户，其余售给到乔李经商的住户。

2016 年年底乔李村村民住房情况统计表

表 8

房屋类型	农户数（户）	数量
独家院	1198	1255 座
窑洞	18	73 孔
瓦房	296	1213 间
平房	466	1896 间
二层楼	378	2789 间
三层楼	21	261 间
住宅小区	175	182 套

90 年代的二层楼

90 年代的新式院门

白马城小区（2013 年建）

村域经济

乔李村党总支带领全村经过几十年艰苦奋斗，大搞农田水利建设改善生产条件，由原来单纯的粮棉种植变为农、林、牧、副和村办企业全面发展的社会主义新农村典型。在农村改革中，实行统分结合的双层经营体制，实施农业科技综合开发，大棚菜、笼养鸡、粮棉果菜规范化种植技术等使全村各产业升级，农民收入大大增加。

村办企业经过改革整合，发展为几个规模较大、技术较先进的民营企业，安置了大批农村富余劳动力。

乔李历来为重要集镇，村委会重视集贸市场扩建，现全村有商铺近400家、集市摊位2000多个，一个农商服务型村庄正在崛起。特别是2016年年初临汾机场在乔李村建成通航，乔李村被划入空港区，为乔李拓展了更加广阔的发展前景。

乔李村党支部带领全村大搞农田水利改善生产条件，实行统分结合的双层经营体制改革，依靠科技兴农带领全村发展村集体经济。

◉ 农田水利建设

平田整地　乔李原有道路呈辐射状，且多为“圪垌道”（地高路低），地块间垅堰错落，地块内起伏不平。1970年，北方地区在“农业学大寨运动”的高潮中，在大搞水利建设的同时，大搞平田整地，自1970年后连着几年冬春，变冬闲为冬忙，集中全村劳力逐块进行大平大整。经过几年坚持不懈地努力，使每方农田都变成“地平如镜、垅直如线、整齐划一、流水顺畅”的新水地。

河滩造地　1975年到1980年，临汾县在涝河上游修建涝河水库，使乔李村南的涝河古道变成一片乱石滩。1988年和1989年，在已经实行家庭联产承包责任制的形势下，乔李党总支发动全村在旧河滩上填土造地，又呈现出一派“人山人海，红旗招展”的场面，连续两年冬春造地900多亩，并栽植苹果树，建成“龙年果园”（1988年是龙年）和“小龙果园”（1989年是蛇年，俗称小龙）。

高灌提水　乔李村地处旱垣，十年九旱，缺水是制约农业发展的关键。昔日，乔李村南的涝河流水长年不断，提涝河水浇村北的旱垣之地是乔李人

河滩造地

多年的梦想。1966 年 2 月，王运康刚担任总支书记时就组织全村群众在寨子村东修建高灌站，装机两台，共 110 千瓦，两根 12 英寸管，扬程 36 米，管道坡长 58 米。总干渠由南向北至原飞机场跑道共 2100 米，向西分南北两条干渠，北干渠长 3500 米，南干渠长 2000 米。后又修了中干渠，3 个月即建成上水。

1971 年，在庵坡下修建电灌站，装机两台，共 100 千瓦，扬程 30 米，管坡 46 米，总干渠由南向北沿西城墙外 730 米至西北城角外修二级提水，装机 22 千瓦，向北 1 千米与南干渠和中干渠相接，主要解决村西部缺水问题。另又在西北城角外向东沿北城壕挖渠约 750 米至杨张坡再修二级提水，将水沿小北门照北道引入南干渠和中干渠，主要浇小北门照北道以西土地。

1972 年，为了解决西乔村村西（西沟南）土地灌溉，在西乔村村西大坡下，修一电灌站，装机一台，20 千瓦，扬程 35 米，管坡长 50 米，提水浇灌 800 多亩土地。

八一水库 1975 年春夏，乔李村在南门河里和水门河里修建可蓄水 120 万立方米的旁溢式水库，从段村坡下向西在水门河另开挖河道，把“水塔庙下”整个河湾建成水库，仍从庵坡高灌机台提水。全村人奋战 5 个月至 8 月 1 日建成（故称八一水库）。

涝河水库灌区 1975 年 11 月至 1983 年年底，临汾县委发动全县（包括河西各公社）群众修建涝河水库，乔李公社属北灌区。灌区总干渠从水库灌溉涵洞出来至坡子分水闸，全长 6.2 千米。北干渠从坡子分水闸至乔李机场，全长 11.1 千米。1980 年，北干渠枢纽工程里仁至乔李经涝河倒虹吸工程竣工，4 月 22 日通水剪彩。此后每年冬春，可供水灌溉两次，为小麦丰产提供了保障。

打井提水 乔李村北大片旱地，地下水资源奇缺，属极贫水区。1949 年以前没有一眼水井。1950 年至 1951 年，政府号召发展生产，国家给予补贴，鼓励农户打井，1959 年，

人工打井

修防渗渠

人民公社组织用大锅锥打井，都不成功。1961 年，洪洞县曲亭水库建成，因其位于乔李东北 10 千米处，海拔高出乔李约四五十米，使乔李地下浅层水位有明显上升，这样就为乔李继续打井创造了条件。1965 至 1967 年，又使用大锅锥打井，但效果仍不理想。

1969 年，乔李党总支发动群众，决心人工挖大口井。当年组织了打井专业队，在村东北打了几眼井，都很成功，井深仅十二三米，水量较大，可供 3 英寸水泵连续抽水，增强了全村干部群众的信心。1970 年，除大队两个专业队以外，每两个生产队又组成一个专业队，全村共十个打井队。1969 年到 1970 年，两年打成 46 眼井，井井见水，井井成功。仍是村东北部水量大，而村西北部的水量较小。1971 年，大队组织“合流远浇”，以东北片 6 个井为“井区”，将 6 个井抽出的水汇在一起向西北送水，在当年抗旱中发挥了重要作用。

乔李人打井的决心和成绩受到临汾县委领导的重视和支持，1973 年春夏间，全村掀起打井修渠高潮，发动群众大打水利翻身仗。16 个生产队每队组织一个打井专业队，加上大队的 2 个专业队，共 18 个专业队，100 天时间打井 100 眼，修防渗渠道 1 万米。在县委支持下，全村 168 眼水井电机、水泵、线路全部配套。乔李村 8000 多亩土地上，水井星罗棋布，水渠纵横整齐排列，实现了渠、路、林、机、电、井六配套，全村水利条件大为改善，极大地促进了乔李村的农业生产发展。

80 年代实行家庭联产承包责任制时，把小型电动机和水泵作价分给了农户，规定相邻的几家共同使用维护一个水井。然而，由于承包地距井较远或几户对水井疏于维护，后来有的农户为了浇灌小果园、小菜园或大棚菜，便在自己承包的地里打深井，打一个井需两三千元左右，自买小型潜水泵两千元左右，井深 80 米左右，大部分水量尚可。至 2016 年，全村农户自打深井共 62 眼。

◉ 种植业

粮食生产

乔李村粮食生产，夏粮以小麦为主，秋粮以玉米为主。

小麦　即冬小麦为本村最主要的粮食作物，种植历史悠久。原来地多人少，广种薄收，耕作技术落后，产量很低，完全用于自家食用，商品率很低。50 年代前，亩产一般在 50 千克左右，农民认为一亩地打一石粮（75 千克）就很不错了。到 60 年代，亩产上升到 100 千克，之后由于生产条件的改变，产量逐渐上升，70 年代，亩产可达 200 千克以上，但受天气影响，产量很不稳定。80 年代，基本解决了水利问题，亩产上升到 300 千克。90 年代在科学种田的促进下，产量达到 400 千克。进入 21 世纪，亩产已达 500 千克。2016 年，全村播种小麦 4806.5 亩，总产量为 2066795 千克，平均亩产 430 千克。

玉米　本地称“棒子”，为主要秋粮作物。农业集体化以前，只在水地复播，所以播种面积很少，产量也低，一般亩产在 100 千克左右，若遇伏天干旱，几无收成，所以旱地极少播种。集体化以后，随着对粮食需求的增大，加之水利条件的改善，复播（夏播）面积越来越大。产量也逐年提高，成为农民的主要食物。70 年代亩产约 200 千克、80 年代约 300 千克、90 年代达到 450 千克以上，进入 21 世纪亩产突破 500 千克，甚至

小麦收割

玉米丰收在望

达到750千克。2016年，全村播种4241.7亩，总产量2332935千克，平均亩产550千克。90年代以后玉米价格上升，几乎与小麦持平，播种面积激增，2010年以后价格大跌，播种面积减少。

另外，夏收作物中还有油菜，秋季作物中还有高粱、谷子、糜黍、豆类、红薯等，种植面积较少。

乔李村部分年份小麦亩产、粮食总产统计表

表9

年份	小麦亩产（千克）	粮食总产（万千克）
1955	66	31.75
1965	110	79.25
1975	200	195.7
1985	314	246.9
1995	425	281
2005	430.5	550
2015	451	455
2016	430	446

说明：2015年、2016年总产减少是因修建飞机场征地后，播种面积减少

经济作物生产

棉花 是本村最主要的经济作物。曾是农民收入的主要来源。新中国成立后，国家号召农民种“爱国棉”，支援国家工业化建设。集体化以后，按照国家计划下达种植任务，有时种植面积占总耕地的40%以上，70年代以后逐年降低。乔李的棉花产量一直很低，70年代以前亩产很难超过25千克。80年代之后，随着水利条件的改善，亩产突破40千克。后在山西省农科院专家指导下，高产时亩产达到75千克。80年代，实行家

棉田中期管理

大棚蔬菜

乔李田间道路

庭联产承包责任制后，国家计划难以调节，1985 年曾出现“卖棉难”的情况，之后棉花播种面积大减。1995 年以后，国家放开棉花购销，不再强调播种计划，也不统一购销，又因棉花费工多、投资大，后来虫害尤其是棉铃虫无法防治，至 20 世纪末已很少种植棉花。

油料 棉籽为传统大宗油料，产量相当于棉花产量的两倍多，除国家征购外，留下的榨油成为村民食用油的主要来源。棉花种植锐减后，村民曾大量种植“油葵”（向日葵的一种）成为农民的主要食用油料。传统种植的油料作物还有油菜、大豆、芝麻、花生、蓖麻等，一般播种面积不大。70 年代，集体搞“三种三收”耕作制度时，地垄上种油菜，产量尚可。

此外，经济作物还有烟叶、麻、药材等。烟叶在 30 年代至集体化后的 70 年代均有种植。其他则种植时间较短。

蔬菜生产 农业合作化之前，农户在水地或地头种一畦蔬菜，供自家食用。只有东街少数农户在水地开菜园，赶集出售。蔬菜品种主要有菠菜、芫荽、西葫芦、南瓜、莴苣、黄瓜、茄子、辣椒、芹菜、葱、韭菜、胡萝卜、白萝卜、白菜、蔓菁、芥菜、苤蓝等。解放后才种植西红柿、茴子白等。

从 1957 年到 1964 年集体化以后，大队成立菜组，在东门河里和水门河里占地约百十亩，专门种菜。在大街设蔬菜门市部，社员凭大队所发菜票购买，外村人也可用现金购买。也经常赶毛驴拉小平车赶集或进城出售。

1964 年“四清”运动以后，各生产队在水浇地办菜园，占地四五亩至十多亩不等。冬菜种植面积更大。由一两人专门管理，需要时临时抽调劳力。品种不多，主要有白萝卜、胡萝卜、白菜、芥菜和蔓菁等。采取按人分配的方式，数量各队多少不一，没有菜票，不收现金，年终按每千克一两分钱在往来账上扣除。农民在自己院中种植架豆、西红柿、辣椒等。

实行家庭联产承包责任制以后，农户自办小菜园，以销售为主，数量不多，但种冬菜农户多，面积也较大。从 1992 年开始在山西省农科院专家的指导下，建日光温室大棚种菜，以黄瓜、西红柿为主。村委会帮助贷款，一开始建大棚 50 多个，每个棚占地四分多，效益不错。1996 年，在镇政府号召下开始种冷棚韭菜，全村种植面积发展至四百亩，受市场影响，有时价格昂贵，菜农受益，有时价格低廉，卖不出去。当时，乔李韭菜在临汾城闯出了品牌。2006 年，村委会重新帮助村民贷款建起 50 个日光温室大棚，仍是以种植黄瓜等为主，之后还是由市场决定，能掌握技术的坚持下来，规模不大效益尚可。

◉ 林果业

四旁绿化　村人素有在房前屋后、地角、地垄、坟茔荒地零星植树的习惯，但从不将此视作经济收入来源。在院里院外通常栽植椿树、桐树、枣树、榆树和槐树，坟地常栽柏树、槐树，河谷中地角井旁常植柳树、杨树，数量很少。

农业合作化以后，上级虽有号召，基层多不重视。1966 年之前，乔李村 8000 多亩土地上，几乎没有成片成行的林木，一眼望去黄土一片，道路曲折横斜，土地垅堰起伏，只有个别坟地上有几株古柏。

从 1966 年起，乔李党总支开始大力搞植树造林四旁绿化，把向外辐射式的道路整修成笔直的田间大路，两边路沟栽植杨树，到 1970 年，在全村土地上修成南北 9 条、东西 3 条大路，每条路旁整齐地栽植两行杨树。之后在打井修渠大搞农田水利基本建设的同时大搞绿化，干渠支渠旁都栽树木，每个水井周围栽植 4 ～ 6 株核桃树，做到渠、路、林、机、电、井六配套。1971 年正月，发动全村男女老少治理西沟，广植各种果树，使昔日荒沟变成林木葱郁的林果沟。

1973 年，结合整修村内街道，在大街小巷栽植雪松、塔柏。同时号召群众在自家房前屋后栽植树木，许多人家在院中密植杨树，四五年间即长成椽材，供自家建房使用。

1949 年，树木存量约四五千株，户均只有 10 株左右。1965 年约 15000 株，人均不

农田林网

桐粮间作

到 5 株。1970 年即达到 55000 株，人均 18 株。1976 年达到 40 万株，人均超百株。1982 年实行家庭联产承包责任制时，全村共有树木 505250 株，人均超过 150 株。林业早已成为乔李村重要的支柱产业，大大增加了农民的收入。

从 1972 年起，乔李村成为植树造林绿化先进单位，多次受到县、地、省乃至国家林业局的表彰，荣膺“山西省绿化先进单位”“全国造林绿化千佳村”等光荣称号。原党总支书记王运康、李敬白先后荣获全国绿化奖章。

农田林网　农桐间作　1975 年至 1978 年搞农桐间作，在西至天池道，东至程黄道，北至民航路，南至南干渠约 4200 亩农田中栽植桐树，行距 60 米，株距 6 米，有一部分桐、榆间隔，株距 3 米，共植桐树约 8000 株，榆树 4500 株。这样在广袤的农田中以田间道路、渠道和桐、榆条带为骨架建成 250 块方田林网，使林业生产规范化，建成新的生态环境，为农业生产起到防护作用，做到林茂粮丰。

平原绿化　种植速生丰产林　建造杨树速生丰产林是 80 年代初临汾县林业部门在乔李村实施的平原绿化、集约经营的重点工程项目。

1980 年秋冬，在水门河（良田二队）栽植杨树速生丰产林，占地 251 亩，以 3.5 米 ×4 米规格密度栽植。品种为优胜杨、莎兰杨、新疆杨、二青杨、日本白杨和加拿大杨，还有 I-214#、P-15A 等新品种。

1981 年春，在良田一队部分土地（南门河路西及南部河滩）栽杨树速生林 109 亩，密度为 3 米 ×3 米，品种与良田二队相同。

1982 年春，采取专业队和群众大会战相结合的办法，在上级林业部门指导下，集中一个月时间，又在村东北营造速生林 441.1 亩。密度根据育林目标不同，分别为 2 米

建造速生丰产林，实现平原绿化

×2 米、3 米 ×6 米、5 米 ×6 米，品种为莎兰杨、欧美杨、优胜杨、I-214# 杨、69# 杨、45# 杨等。

1983 年春，全村群众在自留地及部分承包小片地中栽植杨树速生丰产林，共占地约 550 亩，密度、品种各不相同。三四年间，全村共栽植丰产林 1351 亩。

大队林业队在上级林业科研部门的指导下，对速生林进行科学管理，除浇水、施肥外，每年定期测量长势，并在林间放置 67 个鸟巢，以鸟捕捉虫害，维护生态平衡。速生林目标首先是速生，做到三年成椽，五年成檩，十年成梁，以十年为一个轮伐期。其次是丰产，按国家中等水平要求，平均每亩生产 1.3 ～ 2 立方米木材。同时在林木生长期内，林间种小麦、棉花、红薯、豆类、油菜、瓜类、冬菜等作物，其产量、产值不低于同类非林地的 80%，真正收到林茂粮丰的效果。

自 1987 年开始间伐、采伐，至 1990 年调整承包土地时全部伐完，速生林提供了大量木材，为村民和集体增加了收入。

自 1966 年至 1982 年，林业收益比重在全村总收入占比逐年增长，至 1982 年实行大包干前，林业收益约达到总收入的 15% 以上。实行大包干以后，将林木果园全部留到集体，所以林业收益在集体收入中的比重每年达到 40% ～ 50%。

经济林　土改前乔李村外少有果树，只在城墙内有几处枣林，大者胸径约 30 厘米，树龄甚至在四五十年，品种混杂。土改以后有的随土地分给几户人家。合作化以后入了社，集体很少管理这些枣树，60 年代至 70 年代，给群众批宅基地，这些枣林便不存在了。

在村南涝河河谷中、水门河里、大坡河里及扇车口子河里，原也有枣林，合作化后

采摘红果

为果树疏花

苹果

渐伐渐少。

农业合作化以后，无人重视林业，直到1966年大队办林场，开始栽植经济林木，乔李村经济林逐步发展，几十年间成为主导产业之一。

林场（果园） 1966年，乔李党总支决定在村北办林场，距村四五里（原乔李机场周边）远而土壤贫瘠，人称“北大荒”。办林场之初占地80亩，栽植苹果树。1966年冬季，乔李大队成立毛泽东思想文艺宣传队（业余剧团），以林场为基地，农忙时种地植树，农闲时排演文艺节目。宣传队常年不散，林场也逐步扩大，十余年扩至450亩，苹果、桃收成渐丰，乔李鲜桃曾闻名临汾。至1982年实行家庭联产承包责任制时，果园有苹果树、桃树、梨树10360株。

实行家庭联产承包责任制的过程中，全村林木都留在集体，没有分包到户。大队对林场实行大包干责任制，搞果粮间作。每年向大队上缴纯利润43000元，上交小麦15000千克。1991年后，在山西省农科院专家的指导下，加强了果树管理及更新，陆续建起20多间房子，共有50余人的专业队伍，饲养17头牲口，实行粮果间作。同时扶持群众在承包地栽植小果园，使全村集体和个人果园种植面积达到1500亩，大大增加了集体和群众的收入。至2012年重建临汾乔李机场时，果园土地被全部征用。

传真果园 1993年，在大队林场（果园）之西，占地100亩，以山西省农科院果树专家魏传珍的名字谐音命名。1995年，种植苹果树5626株，其中脱毒新红星1193株，新一代红富士原质苗3753株，丹霞524株，北海岛156株，另有葡萄树265株。在种植技术上采用了先进的滴灌节水技术、无公害生物防病治虫技术，使果品达到了优质无公害标准。该果园的栽植、管理、长势、挂果、品质等，通过专家论证和鉴定，达到了全国领先水平。至 1999 年以后，每年总产可达 40 万千克，优质率达 90% 以上，产值可达 100 万元，纯利润 25 万元以上。2000 年，山西省农科院专家撤离后实行个人承包经营，至 2012 年国家重建临汾乔李机场，与林场一起被征用。

西沟　西沟为乔李村西的一条荒沟，由西拐南直通扇车口子河。1971 年农历正月初八至二十，全村劳力大战西沟，平整小片土地，将坡地整为平地，并挖好树坑。之后由大队文艺宣传队植树绿化，建成梨儿沟、柿子沟、核桃沟等，并将酸枣树嫁接大枣树，还在沟沿栽植核桃树。宣传队在西沟碹窑、建房、打井，作为活动基地，短短两三年把一个荒沟建设成果树沟。

龙年果园和小龙果园　1988 年春，乔李村党总支、村委会发动全村群众在涝河河道乱石滩上垫土造地近 300 亩，秋天至次年春栽植苹果树、桃树。因 1988 年为农历龙年，故称之为龙年果园，由集体派人负责经营，后来归入第三方良田专业队管理。

1989 年春，乔李村党总支、村委会发动全村劳力又在涝河河道水门河里垫土造地 280 亩，并种植苹果树、桃树，因 1989 年为农历蛇年，蛇俗称小龙，故称之为小龙果园。由村委会派人管理经营。

育苗　苗圃　1959 年，在大坡河首次建苗圃，1963 年又在水门河建苗圃，面积只有二三十亩地，培育杨树、桐树苗，还育成一批“大红袍”花椒树苗。

1966 年，乔李党总支开始办林场，从育苗开始，接着栽植苹果树，除育杨树苗以外，连年培育苹果、桃等果树苗，为以后的果园发展打好基础。

乔李村育苗基地

常青园（花卉苗木基地）

1976 年，组建良田专业队以后，在第一良田专业队（东门河）办苗圃，占地 100 多亩，主要培育毛白杨、桐树、雪松、塔柏等。

1978 年，在第三良田专业队（庵坡河）南滩占地 40 亩办苗圃，培育杨树苗。1981 年占地 240 多亩，抽调 35 人专搞育苗，主要杨树品种有莎兰杨、六九、七二、二一四、波兰 15A、新疆杨、优胜杨，还有法桐、泡桐、国槐、合欢等，每年除供应全村植树苗木外，还可出售苗木 60 余万株，向大队上缴利润 15 万元。

1982 年，从河南购回一批桐树根，林业队用地 50 余亩育桐树、杨树，为建设速生林及农田林网中桐树更新备好苗木。由林业队管理。

实行家庭联产承包责任制以后，不少农户在承包田里自办小苗圃，培育杨树、桐树、雪松、塔柏、苹果、桃等常见树苗。至 2000 年以后，约有 40 余户开始培育花卉苗木，收益颇丰。

常青园　1985 年春，村委会为全村铺设自来水管道，在东门外建蓄水池，池前留 16 亩地，建成花卉苗圃，培育雪松、塔柏、山楂、月季、冬青和其他花卉。1989 年冠名“常青园”，为装点美化全村街巷提供风景苗木。

农业生态园　1999 年春，在村西北建成花卉苗木基地，占地 30 多亩，培育松、柏、杨、柳、榆等树苗。与山西省农科院小麦研究所建成温室，培育蝴蝶兰等名贵花卉。1999 年 9 月 4 日，全国政协副主席孙孚凌到乔李视察时为基地题写“农业生态园区”匾额。

◉ 养殖业

牲畜饲养 在农耕社会中，牲畜是主要的生产力。尤其是乔李村这样人均土地较多的地区，牲畜更显重要。农民当时的口头禅是“牲口是庄稼人的半份家当”。农民饲养牛、马、驴、骡四种，骡又分马骡、驴骡两种，马骡为公驴与母马配种所生，驴骡为公马与母驴配种所生。马骡较多，驴骡稀少。马、骡价值昂贵，又需很多饲料，马更娇贵，易病，更难饲养。从前小户人家养不起，常养牛、驴为主，只有大户人家，土地多又要套大车，才饲养骡马。牲畜饲草以麦秸为主，饲草以苜蓿为主，或割杂草。主饲料以麦麸、高粱、黑豆等杂粮为主。马、骡每天需饲料两三斤或更多，牛、驴一两斤即可。

土改前，由于多年战乱，乔李经济凋敝，牲畜大量减少（有牲口还要支应各种差事）。据土改中资料统计，1947 年全村只有 108 头牲口（其中牛 55 头、驴 38 头、骡 13 匹，马只有 2 匹）。大约平均 4 户 1 头牲口，90 亩地 1 头牲口。

1949 年土改结束后，人民安居乐业，政府号召发展生产，牲畜数量很快增加，1950 年即达到 210 头，到 1956 年高级社时，又增加到 260 头。在农业集体化年代，乔李村的干部群众对牲口饲养繁殖都很重视，但在“大跃进”时期和三年困难时期，牲畜数量增长很慢。1966 年以后，随着乔李农业生产的快速发展，以牲畜为主的畜牧业也有了快速发展，特别是 70 年代以后，乔李先后建成了马场、驴场、牛场，不但牲畜饲养数量大增，而且质量也大为提高，由以牛、驴为主，变为以骡马为主。至 1982 年实行家庭联产承包责任制时，全村牲畜共有 446 头（其中牛 153 头、马 78 匹、驴 96 头、骡 119 匹）。这是乔李村牲畜饲养的高峰时期。

实行家庭联产承包责任制的过程中，乔李村对牲畜是全分不留，生产队牲畜分到农户，大队马场、驴场、牛场全部作价拍卖给本村农户。大多农户并不愿饲养骡马，所以骡马作价更低，有的是几家合养一头骡马，骡马需草料多，又难喂养，每家每户承包土地并不多，使役时间很少，这样没过几年，骡马数量迅速减少，养牛由使役变为肉牛，牛的数量大幅增加。进入 21 世纪，乔李村农业已告别役畜时代，全部实现机械化。至 2015 年全村已无马、驴、骡，只剩四户饲养 31 头牛，其中奶牛 27 头，黄牛 4 头。

马场 1971 年秋，乔李在村西西沟内办起马场，目的是繁殖幼畜，为各生产队提供役畜，也可出卖为大队增加收入。当年从内蒙古买回 16 匹母马，分配给生产队 7 匹，所剩9匹，加上林场原有的2匹，共11匹。1973年冬，马场由西沟迁往观音嘴河里（西乔村村南），新建马舍及饲养员住房40余间，并从新疆购回十余匹马。1976年，地区农业局将所属襄汾马场中22匹古粗马全部作价移交给乔李马场，古粗马品种优良，适应本地环境，繁殖率高。大队对马场实行评膘奖罚办法，每年评膘三次，达不到标准给予处罚，每繁殖一头幼驹，奖励饲养员30元。至1982年秋，实行家庭联产承包责任制时，马场共有母马46匹，另有骡子2头，驴1头。全部低价拍卖给村民。马场共办11年，繁殖骡马137匹，除分配到各生产队使用外，还出售一部分。并无偿支援县底大队、一平垣公社等处3匹。

驴场 1975年，大队在水门河里（第二良田队）建成驴场，抽调生产队几头母驴，又买回几头，主要目的仍是繁殖幼畜。共办七八年，繁殖幼畜41头。至1982年实行家庭联产承包责任制时，驴场共有27头，全部低价拍卖给村民。

幼畜院 1976年秋，为了很好地饲养管理幼畜（主要是生产队繁殖的幼畜），大队在小北门外程黄道上建幼畜院。饲养十几头幼畜。1979年4月停办，将幼畜分配到各生产队。

牛场 1979年5月幼畜院停办后，大队建牛场，并从幼畜院原址迁往东门河里（第一良田队）。大队投资5300元，饲养15头牛。至1982年秋实行家庭联产承包责任制时，牛场共有牛24头，全部低价拍卖给村民。

1988年，在上级推行双层经营经验的形势下，大队在原马场（观音嘴河里）重建牛场，购回万荣大黄牛15头，仍以繁殖为主。但随着农业生产机械化程度的提高，役畜作用越来越小，于1992年停办。

养猪 乔李村养猪历史悠久，但饲养量并不大。土改前后有个外乡人老王以收集大

乔李村马场

乔李村牛场

街商户泔水养十几头猪为业。解放初期，有村民在街上开店，在店后养猪三五只。普通农户一般只养一头。1958年后，集体号召村民养猪，要求户均养一只猪，甚至提出亩均一只猪，后来在分自留地的时候，每户还给分一分猪饲料地。农户迫于生计，为赚取零花钱，养猪户逐渐多起来，但只用泔水或青草喂养，又不讲究品种，猪长得很慢，10个月甚至一年才能长到60千克（国家办的食品站生猪的收购标准是60千克，且当时不允许私人屠宰出售）。由于粮食短缺，农户养猪业始终发展不起来。

实行家庭联产承包责任制以后，农户养猪逐渐多起来，并出现了养猪专业户，有的饲养十多头乃至上百头，在村外承包地里建起猪舍，有的专养母猪卖猪崽。但在市场经济条件下，农民养猪业受市场波动很大，农户小本经营，抗风险能力很差，往往不能持久。2016年，乔李共有养猪专业户8户，存栏633头，其中李景才养猪存栏最多达186头。

猪场 1971年春，乔李大队创办猪场，选址村北城墙外，占地16亩。共建8排猪圈，可养猪300余头。圈舍间栽植桐树。之后猪场建起粉坊，请来师傅制作粉条，下脚料粉渣用来喂猪。主要养母猪为村民提供猪崽，品种有约克夏、内江猪、长白猪，最多时养到200多头。实行家庭联产承包责任制后于1984年停办。

养羊 乔李面积约8平方千米，地势相对平坦，主要种植农作物，只有城南沟、西沟和河滩可作为牧坡、草场，面积有限，所以历来养羊不多。农业集体化以前，少数农户自养几只羊，由老年人或孩子自由放牧。一般都是绵羊，少有山羊。全村也有成群放牧者，将各家少数几只羊集中起来，一群约七八十只，主要为了积肥，各家只给少许报

乔李猪场

山西省农科院专家赵太铣（右）给养鸡户传授技术

酬，若生了羊羔则给一定酬谢。集体化以后仍沿袭此做法，由生产队配备羊群，准备圈舍，农户有一两只或三五只，放到羊群中，生产队给牧羊人记工分，只将圈肥归生产队所有，农户并不出钱，生羊羔后牧羊人会送归主人家，满月后连同小羊再入群中。羊的繁殖力较强，有谚语说“母儿，母儿，三年五儿”，意思是一只母羊三年后就可能繁殖五只。一般生下母羊就留下继续繁殖，生下公羊，牧羊人便适时给予阉割，即成为羯羊（俗称羯子），长一两年后，逢年过节可以出售或自宰，只留好公羊作种羊，即羝羊（俗称圪羝）。后来草场越来越少至 80 年代生产队解散羊群，不再派人放羊，社员家的羊只得卖掉或宰杀，养羊的越来越少。

自 60 年代起，开始有农户饲养奶山羊，三年困难时期（1960—1962），奶山羊曾卖到天价，每只二三百元以上，后来又跌到二三十元。养奶山羊者起初是为了孩子和老人喝奶。更多人则是投通货膨胀之机，后饲养者渐少。70 年代后期有洪洞乳品厂每天到乔李收购鲜奶，饲养奶山羊数量随之增加了几年。

1979 年，乔李大队为鼓励农户养羊，曾帮助贷款并给补助，从山东、陕西购回优良品种小尾寒羊，分配给农户饲养，促使养羊业有了较大发展。

实行家庭联产承包责任制以后，出现了养羊专业户，户数少，但每户规模较大，尤其到 20 世纪末，羊肉价格飙高，刺激了养羊规模扩大。之后随着市场变化而波动。至 2016 年全村有养羊户 4 户，存栏 512 只，李红刚养羊最多，存栏达 152 只。

养鸡　农户养鸡历史久远，都是家庭散养，并不讲究品种。每家养三五只，多则八只十只。鸡多是满院、满街散养，村边人家的鸡常到田间吃草啄虫觅食。鸡蛋卖钱可供家中零星花销。中等以上人家则常给家中老人孩子食用。集体化年代曾作为家庭副业提倡，鸡仔常是农家用老母鸡孵化而得，每窝 21 天可孵 18 ～ 21 只。除自家喂养，也可出卖。从前，也有挑担串村走巷赶集卖小鸡者，是专孵小鸡为主的生意人。

1992 年，在山西省农科院专家赵太铣的指导下，大队发动农民笼养鸡，村委会帮助贷款买幼鸡、鸡笼，并在农民夜校请专家讲授养鸡知识和技术，养鸡户发展到 100 余家，每户养几百只到上千只，大多在自家院内。一段时间后发现对村内空气污染太严重，之后迁到村外，逐渐淘汰了小户，形成几个较大的养殖户，每户养鸡约 10000 只。虽然市场有波动，但只要坚持下来，盈利可观。2016 年，共有养鸡专业户 6 户，存栏 67500 只，其中李明山养鸡最多，存栏达 21000 只。

笼养鸡都用配方饲料，大队曾办饲料厂。后来养鸡户有自己配饲料者，也有饲料商专供者。

其他还有养兔、养蜂者，其规模不大，坚持时间也不长。

◉ 农业科技综合开发

科技兴农 乔李村地处黄土旱垣，作为传统纯农业区，只能在黄土地上做文章。总结多年来生产发展的历程，经过艰苦奋战，改土治水，生产条件有了很大改善，但到 80 年代，小麦亩产达到 300 千克以上，棉花亩产达到 40 千克以后产量便很难提升，有时还会下滑。实行家庭联产承包责任制之初，确实调动了农民种田的积极性，经过几年实践，也表现出了“小生产”的种种弊端，比如条条田、花花田不便于机械耕作；由于个体农民经营能力、技术水平有限，使得先进科技、优良品种不易推广；另外由于化肥、农药等生产资料涨价等问题，农民种地效益下降，使农民在实行家庭联产承包责任制之初焕发的生产热情大为减退。乔李党总支、村委会面对种种现实问题，认识到必须依靠科技才能突破现实的困境，因此决定走依靠科技振兴农业的路子。

1988 年春，乔李村聘请 150 多名专家和有关方面领导，召开“生态农业工程研讨会”，大家集思广益，出谋划策，迈出了乔李村科技兴农第一步。然而没有先进的科技指导是不行的。于是乔李主动与农业科研单位挂钩，请山西省农科院院长到村指导工作。从 1991 年起，山西省农科院陆续从小麦所、果树所、畜牧所、棉花所抽调 5 位专家到乔李长期蹲点，这样全村的农业科技开发工作才全面系统地开展起来，并取得了显著效果。为了表达全村的感激之情，1994 年 1 月 18 日，由全国劳模、乔李党总支老书

乔李党总支给山西省农科院赠匾，给专家颁奖（前排左五为省委书记胡富国）

“农业技术综合开发示范村”挂牌仪式

记王运康带领 100 多名村民赴太原的山西省农科院赠匾，给 5 位专家披红戴花，颁发奖金，此事轰动太原市，引起省委、省政府高度重视，省委书记胡富国、副书记梁国英等 10 余位省领导参加了会议，胡富国高度赞扬了乔李。此后，山西省农科院将乔李确定为全省第一个“农业技术综合开发示范村”。又被农业部确定为“全国科教兴村首批试点单位”。

调整结构，增产明显 在山西省农科院专家组帮助下，乔李党总支、村委会明确了依靠科技搞好农业综合开发，提出“稳增粮棉、主攻蔬菜、突出畜牧、提升林果、因地制宜地发展工副业”的新路。据此，调整了产业结构，把粮田面积由 5000 亩压缩到 4000 亩，拿出 1000 亩发展蔬菜种植，但仍保证小麦总产有所增加。专家组在乔李实施的“高产优质高效农业开发研究”项目，在很短时间里取得了明显的效果。

在小麦生产上，专家针对土壤缺磷，而村民多用氮肥的情况，推行了“选用良种、重施磷肥、限水灌溉、化控防倒、防治病虫、晚播高产”的小麦高产综合技术，使小麦亩产由 1990 年的 260 千克，增加到 1992 年的 362 千克，1995 年达到 415 千克，1997 年达到 485 千克，65% 的麦田亩产超 500 千克。村民张万德 4 亩小麦亩产达到 602.7 千克，创下磷肥地区小麦单产最高纪录。5 年上了一个大台阶。同时，在种植制度上改作物单种一年两熟或两年三熟为多元作物立体种植，一年多熟，将 2000 亩高产田改为亩产 500 千克粮、千元钱的“双千田”和亩产千元以上的“高效田”。推行了三种立体种植模式，一是小麦—地埂棉花—花生模式：7 行或 14 行小麦，地垄上密植 2 行棉花，小麦收获后再复种花生，亩收入达 1100 元；二是小麦—地埂玉米—早白菜模式：14 行小麦，2 行高密度玉米，小麦收割后 6 月底种早白菜，亩收入达 1210 元；三是小麦—菠菜—棉花—

乔李农田林网

“三种三收”立体种植

花生模式：7 行小麦间作菠菜，春天菠菜收获后种 2 行棉花，小麦收获后复播花生，亩收入达 1380 元。

抓好典型，搞好示范 在棉花生产上，推行了“选用优种、地膜覆盖、适期早播、稳氮增磷、叶龄化控、密株增铃、塑造群体、综合治虫”的规范化栽培技术。同时在普遍提高农民科技素质时，注重培养科技骨干和先进典型。党总支和村委会成立了“棉花生产领导小组”，由三名支委、村委配合专家负责全村棉花生产，全村 10 个村民组每组推选一名科技员，每 10 户确定 1 户植棉示范户。这样，全村抓十员，十员抓百户，百户带千户。并在 100 个示范户中开展了“百朵银花植棉竞赛”活动，至 1995 年 100 户示范户亩产都在 75 千克以上，许多户可达 100 千克。退休工人李淳连续 3 年植棉亩产超过 100 千克，1995 年达 125 千克。

在果树生产上，推行了“调整树体结构、科学施肥、疏花疏果、防治病虫害”等老果园改造技术，使 400 亩老果园焕发了生机取得了明显的增产，总产量从 1991 年的 42.5 万千克，经过 3 年提高到 75 万千克。另外，专家们通过“果树优质高产技术开发研究”项目，新建高技术示范果园 100 亩，全部选用优质丰产新品种。同时帮助群众在承包田里栽植家庭果园 30 户共 900 亩，在专家指导下 5 年间果品总产量超过 100 万千克，取得很好的经济效益。

专家进村推动了乔李新产业的开发。专家们手把手地教村民搭棚、育苗、嫁接，亲自联系雏鸡购买疫苗。全村发展大棚蔬菜 1000 亩，发展笼养鸡 6 万多只，每年为农民增收 60 多万元。同时在乔李形成了临汾北最大的蔬菜批发市场。

立体种植棉花示范田

采摘蘑菇

山西省农科院棉花专家郭宽泽（右二）在地头给村民讲解植棉技术

提高农民科技素质 农业科技综合开发的另一重要收获是提高了群众的科技素质，为农村培养了一大批技术骨干和种田能手。村里建立健全科普网络，先后成立小麦、棉花、果树、牲畜、养鸡、养牛、养猪协会，建起了科技服务站，专家的授课使村里的农民夜校越办越红火。专家们在工作之余编写了 20 多万字的农业技术教材，讲课 300 多次，固定参加学习的村民 400 多人。办各类培训班 35 期，培训农民达一万多人次，全村 75% 的农民受过培训，受到教益。有 120 多人领到绿色证书，240 余人成为骨干技术人员，培养各类专业户 130 余户，人人学科技、用科技蔚成风气。

农科院的专家们在乔李搞科技开发帮助农民致富的过程中，把推广和科研结合起来，取得了推广技术和科研成果双丰收，在科技综合开发过程中，他们先后完成了“农业高产高效工程开发研究”项目、“农业技术综合开发”项目、“全国科教兴村计划项目”。5 位专家几年中撰写文章 50 多篇，他们的研究课题“乔李村粮棉果菜综合栽培技术体系研究及应用”，经过省内外 36 位专家、教授和有关领导认真鉴定，一致通过，认为他们的研究达到了国内领先水平。同时专家组的工作发生了强有力的辐射作用，在临汾市及全省起到了带动和示范作用。

◉ 村办企业

1956 年至 1965 年，乔李根据集体生产和群众生活需要，曾先后创办木作厂、油坊、菜组、大钢磨（面粉厂）等。1966 年起，乔李集体经济快速发展，国家对发展集体企业高度重视。从 1966 年至 1982 年，乔李先后创办各类村办企业 20 多家，安排就业 400 余人，占全村劳力 30%，总产值占全村的 40% 以上。属于农业企业的有四个良田专业队和拖拉机站（机耕队）；属于林业企业的有林场（果园）、苗圃、林业队等；属于畜牧业的有马场、驴场、牛场、猪场、兽医站、配种站等；属于工业和副业的企业有农机厂、砖厂、综合食品加工厂、面粉厂、科技服务站（综合门市部）、小吃部（设在临汾）、压面组、缝纫组、机电组、自行车修理部、皮坊等。实行家庭联产承包责任制以后，乔李村继续壮大集体经济，又先后办起木器厂、铸造厂、纺纱厂、洗煤厂、机制砖厂、饲料厂等，新建了龙年果园、小龙果园、传真果园等。

农机厂 1966 年秋，乔李大队党总支决定办农机厂，把村内的铁匠、木匠和会修自行车的人组织起来，搞农机修配。1967 年，他们从城里停工的工厂中或到废品站寻找配件，组装成第一台机床。之后不断发展，更新设备，拥有了 3 台车床，1 台牛头刨床，1 台钻床，又自制了 1 台龙门刨床。1969 年，增加了铸造项目，制造出棉麦播种耧、弹花机及铁锅、炉条等群众生产生活用品。1971 年，上级号召“让柴油机长腿”，乔李农机厂自力更生制造出小四轮（拖拉机）和水泵。1975 年，厂址迁往村外，建成两个大车间和办公用房及库房等，得到了很大发展，生产的弹花机供不应求，效益很好，每年可给大队上缴利润 8 万元左右。乔李农机厂多次受到地、县领导和社队局的表彰与奖励，被树为队办企业的典型。

砖瓦厂 60 年代，北街曾在北门外开办砖瓦窑，全人工制作。1973 年、1978 年、1984 年，乔李大队曾三次办砖厂，都是人工制作。

1987 年办起机制砖厂，购置小型砖机。1989 年购置大型砖机，改变炉型，扩大规模，加强管理，每年可向村集体上交 5 万元。

面粉厂和百万斤粮库 1975 年和 1976 年，乔李连续两年向国家交粮 50 万千克，在粮食部门帮助下，乔李建起了百万粮库——十孔砖窑，可存 75 万千克粮食。1976 年，

乔李农机厂自力更生造出小四轮拖拉机

乔李砖瓦厂

乔李建粮库的同时建起了一座面粉厂，安装了一套大型磨面机，三部小钢磨，一部碾米机。日产面粉 1.5 万千克。大队拿出 5 万千克小麦作为底垫周转加工。农户可以把小麦储存到面粉厂，随需取面，也可以麦换面，可以交加工费磨面，亦可以麦麸抵顶。除满足本村及邻村群众需要外，还可为国家粮食部门加工面粉。

木器厂和铸造厂 1986 年 9 月，利用村里丰富的木材资源，创办木器厂，开始称“钢木家俱厂”，后改名“凤凰家俱厂”，购置设备，聘请技术人员，生产家具、沙发、茶几等，产品进入临汾工贸中心等市场。1989 年纯利润达 4 万元。

1990 年，在家具厂基础上转为铸造厂，铸造阀门、汽车刹车锅子、铸管、轮头等，当时盈利很可观。后来由于技术不过关，管理不善而停办。

纺纱厂 1988 年，村委会在临汾地区经委支持下，建设纺纱厂，名称为“临汾市平阳纺纱厂”。1989 年春试车投产。

1991 年更新了设备，从榆次购回 FA502 细纱机。此时，棉花仍属国家统购统销的物资，没有放开，按上级规定，棉麻公司不得给小纱厂提供棉花。为此事王运康三到太原找省计委，请四位省领导签字，才把乔李纱厂列入计划。这样，乔李纺纱厂才算进入正常生产阶段。1993 年至 1995 年间，国家先放开棉纱，价格迅速攀升，由每吨七千元上升到一万多元，而棉花尚未放开，棉花计划价格仍在每吨四五千元间，这给纺纱厂带来了赚钱的好机会。1994 年，乔李村给学校建教学楼、安装暖气，投资的 120 余万元，大部分是纺纱厂上交的。之后，纱厂由 1200 锭发展到 5000 锭，人员达到 180 余人。年产纯棉筒纱 400 吨，年产值最高达到 800 万元，固定资产计 380 万元，有厂房 49 间，库房 25 间，宿舍 15 间，办公用房 7 间。纺纱厂是乔李几十年间集体企业中现代化程度最高，创利润最多的企业。

乔李凤凰家俱厂

乔李纺纱厂细纱车间

乔李洗煤厂

洗煤厂 1992年，在临汾地区煤炭局和地区煤炭运销公司支持下，乔李村创建洗煤厂，入洗能力15万吨。1992年11月17日建成剪彩，临汾市领导及老领导都来参加，临汾市洗煤厂派技术人员到厂帮助生产销售。1995年以后与地区煤炭运销公司合作经营，每年给集体上交承包费。后来国家放开，取消计划推向市场，像许多小洗煤厂一样于2000年以后停产。

◉ 民营企业

临汾市建能新型墙材有限公司 是以煤矸石为主要原料，生产新型墙体建筑材料的节能环保企业。2010年年初，由飞翔公司投资9600多万元在乔李村南沟建厂，2011年6月竣工投产，年生产煤矸石烧结砖1.8亿块，开创了临汾市煤矸石制砖的先例，其产能居山西省同行业前列。至2016年年产值5000万元，利税近1000万元，吸收下岗职工和本村富余劳力800余人。成功研发生产出承重多孔砖和非承重填充砌块两大系列十

建能新型墙材有限公司生产车间

余种产品，被广泛用于高层建筑。其中多项产品通过山西省经信委新产品认定，获山西省建设厅认证。同时研发引进新型设备逐步实现了新型墙体建筑材料生产的现代化和规模化。

宏庆昌木业公司 临汾市宏庆昌木业有限公司是一家集硬木家具研发、生产、销售、保养于一体的临汾市较大的家具制作厂。2008 年由农民孟庆柏筹资 1000 万元在乔李村创建。该公司在缅甸、老挝、越南、非洲等地拥有多处原材料供应基地，已成功推出客厅、餐厅、卧室、书房、休闲、屏风、木门等系列产品，年产值 5000 万元，安排劳力 100 余人。宏庆昌木业汇聚了各地雕刻设计和制作的木工师傅，充分汲取明清家具的特色和优点，精心设计和制作“经典、儒雅、时尚、舒适”的家居用品。

金象隆畜禽养殖有限公司 临汾市金象隆畜禽养殖有限公司商品蛋鸡养殖示范基地，于 2009 年 6 月投资 500 万元建于乔李村南涝河河谷中，主要养殖商品蛋鸡及 60 天青年鸡。现拥有全自动标准化商品蛋鸡舍 2 栋，全自动标准化青年鸡预雏舍 7 栋，养殖商品蛋鸡 2 万只，一次性预雏 8 万只，每年可向社会提供商品鲜蛋约 25 万千克，商品青年鸡 30 多万只，总销售额达 800 余万元，纯利润可达 60 余万元。

泽钰管业有限公司 临汾市泽钰管业有限公司，2010 年由农民王永峰筹资 150 万元占用乔李村厂房创建，主要生产海泡石电缆管和烟道管，年生产能力 50 万米以上，年产值 1000 万元，可安排农村富余劳力就业 100 多人。现具有一流的工艺设备和严格的检测制度。

海天面粉厂 临汾市乔李海天面粉厂，2005 年投资 150 万元在乔李村原面粉厂厂址创办。固定资金 200 万元，流动资金 150 万元，年生产能力为 1.08 万吨专用粉。是一家为当地农民服务的知名企业。该厂生产注册的“小白兔”“惠康”品牌面粉享誉晋

宏庆昌木业公司产品展示

泽钰管业有限公司

海天面粉厂生产车间

南，在太原、临汾、襄汾、霍州、侯马、洪洞等市的超市和粮油店均有代销，其产销量在临汾地区农村面粉加工行业中一直处于前列。农民存粮涉及周边的 20 多个村庄，共计 5000 多农户。目前生产规模为日处理小麦 50 吨。加工后的副产品带动了当地养殖业的发展。

◉ 商贸业

古庙会 乔李自古为临汾东的大镇，镇内外庙宇众多，庙内多有敬神的戏台，大多庙宇都有庙产（土地），每年庙会都要唱戏敬神，也成为乡民的文化娱乐活动，同时又是物资交易的盛会。方圆十里八乡有谚语说乔李唱戏之多“乔李家，真厉害，一年唱戏十八台”，虽未必有十八台，但庙会唱戏之多是方圆闻名的。早先每年定期的庙会有：正月十六起，小南门外武庙唱戏三天；二月初二起，大街财神庙唱戏三天；三月十八日起，村西南庵（娘娘庙和阎王庙）逢会唱大戏五天或十天（连两台）；端午节，北城门外百王庙唱戏五天；五月十三起，东城门外关帝庙唱戏五天；六月初六起，龙王庙（早先在大南门外，后在后街西城门外）唱戏三天；八月二十七起，城南印台岗文庙唱戏五天；九月初九起，前街西城门外二郎庙唱戏三天。此外还有一些庙宇不定期的庙会唱戏，或建有木偶戏台，演出木偶戏等。到民国时期，拆庙宇建学堂，先后将许多庙宇拆掉，把南庵的大戏台迁到村内模范小学之南（土地庙原址），村里唱戏大多在新戏台，其他庙宇戏台不是被拆掉就是废弃不用了。到了抗日战争和解放战争时期，这一切都停止了。

集市贸易 乔李村明清以来为临汾县八大集镇之一，清末至民国时期乔李大街上有三十多家商铺，每逢农历初二、初七逢集，四乡村民赶集十分热闹。抗日战争期间，日本侵略军占据乔李，解放战争期间，乔李是国共拉锯区，这十年间，日伪横行，民生凋敝，市场萧条，集市停止。只是在每年腊月十五、二十、二十五和三十逢四个集，让农民置办一些过年必需品，往往价格昂贵。解放以后，人民政府号召繁荣经济，1950 年，恢复了“商联会”，唱大戏开始逢集，由政府决定乔李镇与东南相距 15 里的大阳镇和东北相距 20 里的洪洞县曲亭镇三镇集日。乔李为农历初一、初四、初七，曲亭为初二、初五、初八，大阳为初三、初六、初九，这是临汾县与洪洞县河东片最大的集贸市场。解放初的几年里，人民生活安定，经济发展，市场繁荣，乔李大街上店铺增加，每逢集日，方圆几十里商贾云集，乡民赶集，一派繁荣景象。1950 年，由各村农民入股 1.8 万元成立了供销合作社。1956 年公私合营后，农村商业成了供销社的天下。但农民依然可以赶集，有的做些小买卖，互通有无。“文化大革命”中，取消了集市贸易，之后村民

热闹的集贸市场

自发时聚时散，农村集贸市场日趋衰败。

直到 1981 年秋，村里大街铺设了柏油路，将北街南口几家居民迁走，扩大了市场，集市贸易才得以复兴，仍以农历初一、初四、初七为集日。至 1984 年秋，乔李举办“文化大革命”后的第一次物资交流大会，唱戏十天，并新建市场和商亭、摊位，将集贸市场管理规范化。此后乔李每年秋季举办物资交流大会，唱两台大戏成为惯例。1991 年，村委会成立了市场管理委员会，将一月九集管理得秩序井然，加之市场历经几次扩建，成为临汾洪洞间最大的集贸市场。

市场建设 乔李村原来的大街居于村中，东西仅有 300 米长，店铺高低不一，前后错落，很不整齐，间有农户住家，街道也很狭窄。从前集市贸易就在这里进行，每逢集日拥挤嘈杂，雨天道路泥泞，人们出行不便。

1973 年，村党总支下决心，修整大街，顺着原来后街向东一直开通至东城墙，拆掉供销社、村集体公家房子 20 多间，拆迁农户宅院房 20 多户，形成贯穿全村东西的千米长的大街，并拆掉凸出的房屋和门楼，加宽道路，原来的大街成为供销社的后院，把原来弯曲的小北门街东西修直（后来又接通三条南北胡同），使村容村貌发生了根本变化，也大大扩大了集贸场所。

1981 年秋，在开通乔李至屯里公路铺设柏油路面的同时，将大街和剧场都铺设柏油路面，使集贸市场条件大大改善。

1984 年秋，将北街南口路西几户拆迁，建起店铺和商亭，店铺租赁给个体商户。

1989 年春，又拆迁北街路西几户，把市场扩至北城门口与原大街形成“丁”字形市场，把集贸市场面积扩大了一倍多。

1991 年 6 月，村委会成立市场管理委员会，新建 14 间门市部，70 间商亭，并在全村大街小巷铺设柏油路面，使集贸市场面积达到 10000 平方米以上。

1993 年春，再次拓宽北街市场，将路东 14 户拆迁，市场又扩宽一倍，中间修成绿化带，集体统一规划，两边建起二层楼的商业门店，使市场面貌又有改善。

1995 年，随着村镇的扩张，随着流通领域扩张的需求，乔李村在村北原城墙外修成长 1200 米，宽 50 米的迎泽大街，完全按照城市街道标准设计，修建下水道，铺设地下电缆线，把原来的城壕沟建成一条商贸大街。之后两三年间，两边商铺全部建成，已超越村内原有的大街，成为主要市场。从 1973 年起经过历次扩建和新修，20 多年间，乔李的集贸市场比 1973 年前扩大了 10 倍还多。

迎泽大街

至 2016 年年底，全村商贸门店 300 多户，每逢集日摊位 1200 多个，春节前逢大集时摊位超过 2000 个。现在农民生产生活所需，在这里都能买到。

2016 年年底乔李村商业门店分类统计表

表 10　　　　单位：家

序号	类别	经营项目	数量
1	百货	—	29
2	服装鞋帽	—	42
3	饭店	—	56
4	副食	干菜、糖业烟酒、蛋糕	31
5	家电	—	19
6	汽车销售	—	5
7	电动车销售	自行车、电动车、电瓶	16
8	汽修	维修、钣金、汽车美容	10
9	加工	电焊、机修、加工被套、纸扎	9

续表 10

序号	类别	经营项目	数量
10	建材	水泥、钢材、铝合金、瓷砖	26
11	室内装潢	—	15
12	服务	美容美发、澡堂、家政、废品收购、婚庆礼仪、婚纱摄影	31
13	生产资料	—	5
14	五金交电	—	11
15	邮递通信	联通、移动、网通、快递、物流、手机	28
16	药店	—	12
17	文化教育	书店、文印、网吧、培训机构	9
18	金店	—	2
19	旅游、养生	旅游公司、养生馆	8
	合计	—	364

乔李村蘑菇生产基地

文化教育

乔李人自古以来崇文重教，本志所录两项足以表现乔李文化风貌。一是威风锣鼓，临汾的威风锣鼓列入国家首批非遗项目，乔李威风锣鼓队是临汾的一支劲旅。改革开放以后，乔李最先组织160人的威风锣鼓队，是当时临汾威风锣鼓队中阵容最大的。二是乔李的业余剧团，从30年代起，由乔李第一位共产党员李少卿发起组织，至今坚持80余年，在不同历史时期，发挥了文艺宣传、教育群众的作用，占领农村文化阵地，丰富农民文化生活，是乔李村的一张“名片”。

在教育方面，古时村里凡考中一名秀才，就在村南印台岗文庙周围手植松柏一株，久而久之印台岗上下松柏成林，郁郁葱葱，足见人文蕃盛。现今，几十年间全村四五百农家子弟考入大专院校，出了六七十名硕士、博士，还有的出国留学，显示了乔李人尊师重教、人才辈出的盛况。

乔李的威风锣鼓队和乔李发展了80余年的业余剧团，此两项足见乔李丰富的文化生活。乔李历来崇文重教，早在明代就创建了心溪书院，印台岗上下成林的松柏也可见乔李人文蕃盛。

◉ 威风锣鼓

威风锣鼓是临汾一带群众喜爱的民间传统打击乐，列入国家首批非物质文化遗产名录。主要流传于临汾周围六七个县市，几乎村村都有威风锣鼓队，并且都有自己的曲谱，几乎人人都会敲。

威风锣鼓的表演，气势雄伟磅礴，节奏铿锵有力，声响震天撼地，表演者动作粗犷悍勇，激情豪爽，撼人心魄，无论观者、听者、表演者一片群情激昂，自古民间以“威风”称之。

威风锣鼓源远流长，历史悠久。位于襄汾县距今约四千多年前新石器时代晚期的陶寺遗址发掘出“土鼓”（陶筒上蒙以皮面）、鼍鼓（木筒上蒙鳄鱼皮），是已发现的最古老的乐器之一。南北朝时期，少数民族与汉族融合，始有“羯鼓”“锣”“钹”等乐器，大约此时“威风锣鼓”开始形成。在现代威风锣鼓传统曲牌中，承继了唐代遗风，如《唐王点兵》《四马投唐》《天下归唐》《唐王大得胜》《秦王（指李世民）破阵乐》等。

改革开放以后，威风锣鼓走进北京，走向全国。1988年，临汾威风锣鼓队参加首届全国农民运动会开幕式，在首都北京大展风姿，1989年，在北京

乔李威风锣鼓队

天安门广场参加国庆四十周年大型庆典，轰动全国；1990 年，在举世瞩目的亚运会开幕式上，打出了国威，打出了民威，名扬世界。此后，临汾的威风锣鼓队，走遍全国各地。

乔李是临汾有名的大村镇，乔李威风锣鼓队是临汾诸多威风锣鼓队中的一支劲旅。解放前，乔李有五支威风锣鼓队，解放后才集中起来，统一了曲牌，在全县形成了一支最大的锣鼓队。改革开放后，乔李首先新置 20 面鼓，20 副铙，40 副钹，80 面锣，组成 160 人的队伍，这在当时是人数最多的一支。1986 年正月十五，乔李威风锣鼓队到临汾参加元宵节表演拔得头筹。正月二十，临汾市召开劳模大会，乔李威风锣鼓队开场表演，大受好评。1991 年秋，临汾地区举办“首届尧都锣鼓艺术节”，乔李威风锣鼓队参加开幕式表演，乔李学校宣传队在第一天晚会上表演节目，受到地委、行署的奖励。1994 年元宵节文艺活动中，乔李威风锣鼓队在临汾平阳广场表演，展示了乔李人民群众的喜悦与自豪……

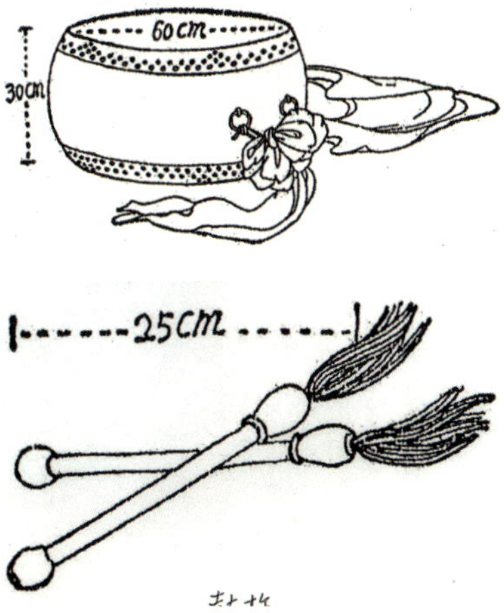

鼓和鼓杵

乐器 威风锣鼓的乐器共四种，即鼓、锣、钹、铙。

鼓，威风锣鼓的核心乐器，木制鼓框，牛皮蒙面，高约 30 厘米，鼓面直径约 60 厘米，鼓框上有对称的两对铁环用于系扎鼓带。鼓杵一般为枣木制作，长约 25 厘米，杵头塞钳红色羊毛缨穗。

锣，铜制。直径约40厘米，锣沿宽约6厘米，沿上有两小孔用来穿牛皮筋或固定卡棍（便于抓举）。锣杵，一般由桦木制，长约23厘米，中间和两端都塞钳彩色缨毛。

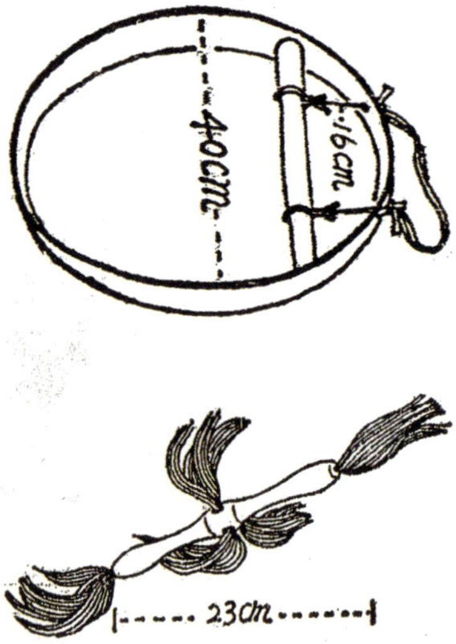

锣和锣杵

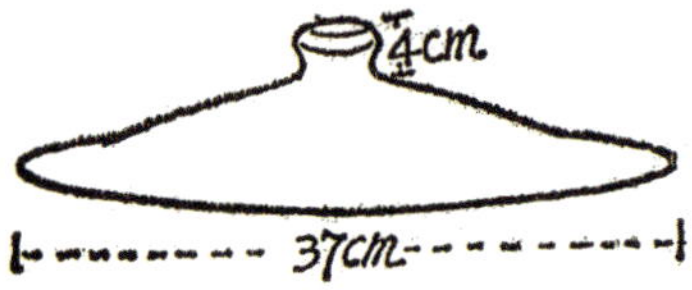

钹（铝）

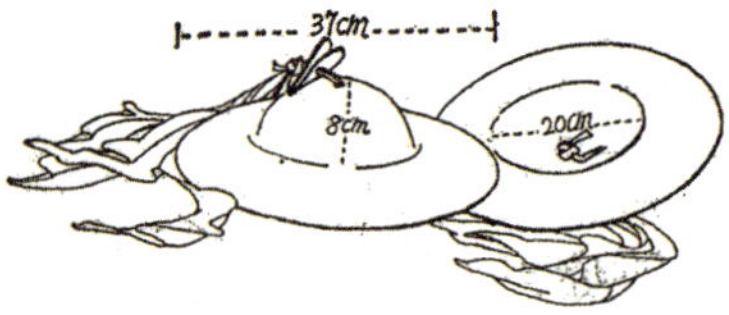

铙

钹，铜制，亦称铝，直径约37厘米，它的共鸣腔，即乳突部分（俗称碗子或小碗）直径约20厘米，高约8厘米，顶端有小孔用于系扎皮绳和彩绸，既是操纵柄，也是装饰物。

铙，铜制，也叫铙钹或钗钹，直径约37厘米，周边微翘，中心乳突很小，直径约6厘米，柄把高约4厘米。

编队　威风锣鼓编制组队从前为一鼓八锣（八面威风）二钹一铙，共十二人就可以组成一支队伍。后来，增为二鼓八锣四钹二铙，都是乡村人自娱自乐。改革开放以后为了进城参赛或在广场表演，参演人员越来越多，乔李女子威风锣鼓队现为20面鼓80面锣，40副钹，20副铙，共160人。1989年，临汾地区威风锣鼓队参加国庆四十周年大型庆典时，编制为65面鼓，160面锣，70副钹，20副铙，共315名男女青年参加表演。

曲牌　威风锣鼓的曲牌名称繁杂，各地不同。乔李村的曲牌，有的与宋词元曲相同，如“西江月”；有的以历史故事命名，如“四马投唐”；有的以民间生活命名，如“鸭子媲蛋”；有的以数字为名，“七杵子”“九杵子”，有的则以形象生动的描写表述，如“海水潮”“风搅雪”“龙戏水”等。乔李村威风锣鼓传统曲牌以文雅著称，在行进中舒缓典雅如行云流水，若“扎场子”（即广场表演），则激越高亢如翻江倒海。

鼓的表演

锣的表演

钹的表演

铙的表演

乔李村威风锣鼓传统曲谱

李大林 整理

曲一 刺菜花

‖: 平 平 | 平平 平平 | 匡 匡 :‖: 平 匡 匡 | 平 匡 匡 |

| 平 匡 | 平 匡 | 平 匡 匡 :‖: 匡 匡 | 匡匡 匡 :‖

曲二 四马投唐

‖: 平又 平 | 平又 平 | 平又 平又 | 平又 平 | 匡 匡 |

| 匡 匡 | 匡匡 O | 匡匡 匡匡 :‖: 平又 平又 | 平又 平 |

| 匡匡 O匡 | O 匡匡 :‖: 平又 平 | 匡匡 匡 :‖: 平 平 |

| 匡 匡 :‖: 平平 匡 | 平平 匡 | 平匡 平匡 | 平 匡匡 :‖

‖: 匡匡 平 | 匡匡 平 | 匡平 匡平 | 匡匡 平 :‖

曲三 鸭子嬎蛋

‖: 平 平 | 平又 匡 :‖: 平又 平又 | 平又 匡 :‖: 平又 平 |

| 平又 匡 :‖: 平 平 | 平又 平 | 匡 匡 | 匡匡 匡 :‖

‖: 匡匡 平 | 平平 匡 :‖: 平匡 平匡 | 平 匡匡 :‖: 匡 匡 |

| 匡匡 匡 :‖ 匡匡 匡匡 | O 匡匡 O | 匡匡 匡匡 | O 匡匡 |

曲四 重三遍

‖: 匡 匡O | 匡 匡 匡 | 匡匡 匡 | 匡匡 匡 | 匡匡 O |

| 匡匡 匡匡 :‖ 匡 匡O | 匡 匡 匡 | 匡匡 匡 | 匡匡 匡 |

| 匡匡 O | 匡匡 匡匡 | 匡 匡O | 匡 匡 匡 |

曲五 六杵子

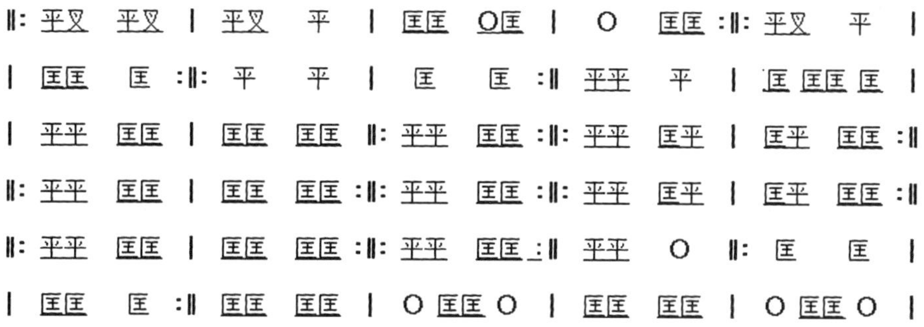

曲六 西江月

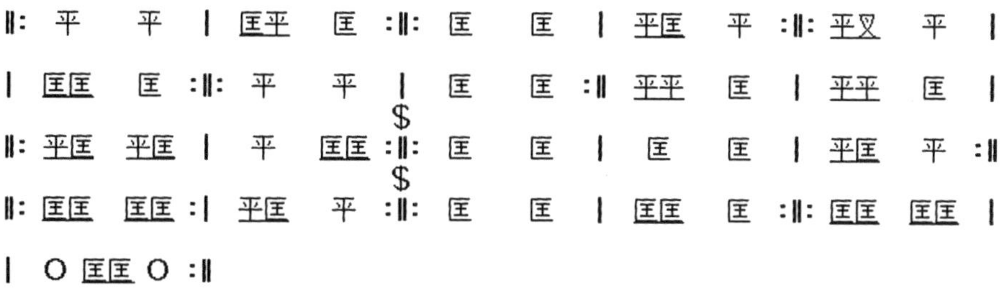

曲七 七杵子

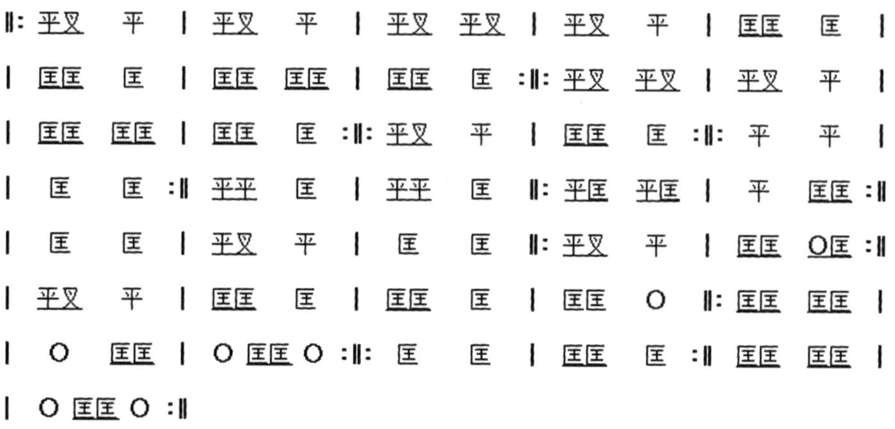

曲八　海水潮

‖: 平叉 平叉 | 平叉 平 | 匡匡平匡匡 :‖: 平叉 平叉 | 平叉 平 |

| 匡匡 匡匡 | 平 匡匡 ‖ 平叉 平 | 匡匡 匡 :‖: 平 平 |

| 匡 匡 :‖ 平平 匡 | 平平 匡 | 平匡 平匡 | 平 匡匡 O |

| 匡匡 平 | 匡匡 平 ‖: 匡平 匡平 | 匡匡 平 :‖: 匡平 匡 |

| 平匡 平 :‖ 匡匡 匡匡 | 平 匡匡 |

曲九　风搅雪

‖: 平叉 平叉 | 平叉 平 | 匡匡 匡匡 | 平 匡匡 :‖: 平叉 平 |

| 匡匡 匡 :‖: 平 平 | 匡 匡 :‖ 平平 匡 | 平平 匡 |

| 平匡 平匡 | 平 匡匡 O | 匡匡 平 | 匡匡 平 ‖: 匡平 匡平 |

| 匡匡 平 :‖: 匡平 匡 | 平匡 平 :‖ 匡匡 匡匡 | 平 匡匡 O |

| 匡匡平匡匡 | 匡匡平匡匡 | 平 匡匡 | 平 匡匡 ‖: 平匡 平匡 |

| 平 匡匡 O :‖ 匡匡 平 | 匡匡 平 ‖: 匡平 匡平 | 匡匡 平 :‖

‖: 匡平 匡 | 平匡 平 :‖ 匡匡 匡匡 | 平 匡匡 |

曲十　龙戏水

‖: 平叉 平叉 | 平叉 平 | 匡匡 匡匡 | 平 匡匡 :‖: 平叉 平 |

| 匡匡 匡 :‖: 平 平 | 匡 匡 :‖ 平平 匡 | 平平 匡 |

| 平匡 平匡 | 平 匡匡 O | 匡匡 平 | 匡匡 平 ‖: 匡平 匡平 |

| 匡匡 平 :‖: 匡平 匡 | 平匡 平 :‖: 匡匡 平匡 | 平匡 平 :‖

‖: 匡 匡 | 匡匡 匡 :‖: 匡匡 匡匡 | O 匡匡 O :‖

曲十一　五凤楼

‖: 平平　O平 | O 平平 O | 匡匡　O匡 | O 匡匡 O :‖: 平　平 |

| 匡　匡 :‖ 平平　匡 | 平平　匡 ‖: 平匡　平匡 | 平平　匡 :‖

‖: 匡　匡 | 匡匡　平 :‖: 匡匡　匡O | 匡匡　平 :‖: 匡平　匡平 |

| 匡匡　平 :‖: 平平　匡 | 匡匡　平 :‖: 平匡　平匡 | 平匡　平 :‖

‖: 匡　匡 | 匡平　匡 :‖: 匡平　匡平 | 匡平　匡 :‖: 匡匡　平 |

| 平平　匡 :‖: 平匡　平匡 | 平　匡匡 :‖: 匡　匡 | 匡匡　匡 :‖

‖: 匡匡　匡匡 | O 匡匡 O :‖

曲十二　九杵子

| 平　平 | 匡匡　匡匡 | 匡匡　匡匡 | 匡O 匡匡 O | 匡匡　匡匡 |

| O 匡匡 O | 匡匡 匡匡 匡O | 匡匡　O | 匡匡　O | 匡O 匡匡 O |

| 匡匡 匡匡 O | 匡匡　匡 | 匡匡　匡 | 匡匡　O | 匡匡 匡匡 O |

| 匡匡　匡匡 | 匡匡　匡O | 匡匡　O匡 |

◉ 业余剧团

乔李村业余剧团是乔李村的一张名片，是乔李村文化生活的亮点，从风雨如磐的旧中国，乔李的贫苦农民在乔李第一位共产党员李少卿带领下组织起“秧歌班子”，到风起云涌的解放战争时期，乔李的“民兵剧团”作为政府领导下的“专业剧团”；从解放后合作化时期的“俱乐部”，到农业学大寨中的“文艺宣传队”；直到改革开放新时期，乔李村的业余剧团走过七八十年的历程，几十年间历久不衰，在每个时期都发挥着宣传、教育群众，丰富农民群众文化生活，占领农村文化阵地的作用。

秧歌班子　也称家戏班子。乔李村第一位共产党员，也是临汾县第一个党组织主要负责人之一李少卿是乔李业余剧团的创始人，他在 1927 年大革命失败后，远走京绥避难，1931 年回到家乡，1932 年，在乔李村的县立六高教学，同时担任乔李村长，由他首倡村里组建秧歌班子，俗称家戏，以一批贫苦农民为主包括旧时代被人看不起的乐户鼓手在内，团结在李少卿周围，请来教师专门教戏，排演了传统剧目《会稽耻》《抗金兵》《正气图》等，李少卿多才多艺，能拉会唱，他主演的《苏武牧羊》，宣传爱国气节，教育农民群众。他自己编写的现代剧《二小过年》，描写地主老财在除夕之夜逼债催租，残酷剥削压迫农民，逼得农民无法过年四处流浪的悲惨遭遇，当戏进入高潮时，台上台下哭声一片，收到教育农民唤起民众的效果。这一时期在李少卿领导下骨干成员有高维岳、高香保、杨怀仁、孙炳文、张心堂、吴焕章、张保才、二老闷（外地人）；乐队骨干有贾增福（贾老大）、刘满贵、张国维、刘清泉、黄福金等人。1932 年至 1937 年搞得红红火火，1937 年 4 月李少卿去世，后来日本侵略者入侵乔李沦陷，家戏班子随之停止活动。

民兵剧团 1945 年日军投降，乔李解放。担任乔李村长的高维岳，也是李少卿搞家戏班子时的骨干成员之一，他把停办了八年的秧歌班子重新组织起来，自任团长兼导演，排演新演（时装剧），此举受到政府的重视，把乔李秧歌班命名为“民兵剧团”，调到县政府驻地岳壁村排戏，一切费用由县政府开支，在解放区为军民巡回演出。上演剧目有《白毛女》《孙夫人骂将》《夫妻识字》《狗二小翻身》《兄妹开荒》，也有古装戏《正气图》《闹渭州》等。两三年间，乔李民兵剧团十分活跃，名声大振，受到太岳行署和临汾县政府及解放区广大军民的好评。这一时期，组织领导者是高维岳，骨干成员有孙炳文、高香保、张心堂、李学忠、吴焕章、张大庆、王耀亭、薛万胜、乔德胜、张兴业、霍培兰、高仰文，北高村的平希贤、侯成功、练李村的小末儿，乐队骨干有贾增福、刘清泉、张文秀、李春元、曲沃三合儿、西堡头老七等人。

俱乐部 1956 年，高级合作社成立以后，乔李成立俱乐部，领导人先后为王运康和吴泉林（俱乐部主任、业余剧团团长又称指导员），俱乐部副主任为高维岳。1958 年“大跃进”中，成立“红色大学”，对外又称“火星文工团”，全体成员集中吃住，集体劳动至 1959 年 3 月 18 日因上级要求压缩非生产人员被解散。其间，编剧导演为高维岳、李学忠、薛万胜，并有县文化馆、地区戏校、地区文工团的尚金铭、杨克亮、晋玉玺、苏家栋、荀兆祥经常下来指导。主要成员有老一代贾增福、张心堂、李学忠、霍培兰、薛万胜、高香保、孙炳文、平希贤（北高村人）等，新一代演员有高德华、张文兰、李荷花、李瑞琴、李金尧、吴福昌、孙光耀、叶月爱、杜金凤、孙玉莲、李洪珍、王菊花、王宝贵、西堡头王振宇还有南麻村的两位女同志。乐队成员主要有刘清泉、刘舍子、刘石娃、安文杰、高洪海、郭德杰、张根会、许茂盛、田玉水、黄悦善、南侯黄金

乔李俱乐部全体人员合影（1958年）

山、永安村的安天元等。演出的剧目有《三里湾》《梁秋燕》《罗汉钱》《仓库的风波》，古装戏《文武魁》等。曾到洰河水库工地及驻地练李村演出。1958年年底至1959年年初先在临汾027部队参加晋南军分区民兵文艺会演，之后又到太原参加全省民兵文艺会演，演出剧目为《大办民兵师》（后来改为《枪》），主要演员为高德华、张文兰、李荷花，并荣获一等奖。

1962年以后又组织起业余剧团，一般为冬闲临时抽调集中排戏演出。这一阶段新加入的主要演员有李芙蓉、吴麦香、邢小辰、邢吉亲、郝小女、郭平花等人，演出剧目有《三世仇》《柳树坪》《槐树庄》等，1965年年底，乔李公社民工到洪洞县尹壁村修倒吸虹工程，业余剧团到尹壁村演出三天，在当地引起轰动深受好评。

文艺宣传队 1966年年底成立毛泽东思想文艺宣传队，全体人员集中到大队林场（果园）农忙劳动，农闲排演，成为乔李对外宣传的一支骨干队伍，此后，乔李有重大活动或会议，都要文艺宣传队演出节目。这一时期地委宣传部领导在乔李蹲点，地区文化局、地区蒲剧团、县群众艺术馆经常派人辅导帮助，使演员素质和演出水平大为提高，不亚于专业剧团。主要负责人刘舍子、高德华等，主要成员有张文兰、李芙蓉、乔端儿、高小水、邢小辰、邢竹叶、李顺女、刘亲儿、李亲儿、裴胡呆、许小七、贾兰兰、芦蝴蝶、董西梅、王玉海等。县群艺馆派到乔李常驻的老师有韩德行、单建洲、赵成林等人。乐队主要有刘舍子、刘石娃、张根会、孙维新、邢小耀等。排演剧目有《红灯记》《沙家浜》《白毛女》以及配合政治形势自编自演的文艺节目。

1970年，国家组织大批民工修建临汾至吉县壶口的“国防公路”，乔李也派100多人参战，另由高德华带领高小水、邢小辰、孙维新、裴胡呆、邢竹叶、乔端儿、李顺

文艺宣传队为群众演出

女、刘亲儿等 10 人到国防公路工程演出，每到一地演唱当地的好人好事，宣传修建国防公路的意义，鼓舞民工的士气。并到附近的山庄窝铺为当地群众演出，3 月到 5 月共 50 天时间，唱红了三百里的国防公路及沿线社队，唱出了乔李村宣传队的名气。

1978 年，乔李村在县教育局支持下办起农校，高德华负责在农校中设文艺班，又培养了一批青年文艺骨干，如贾合心、王小瞪等人。1980 年，高德华担任公社文化站站长。1981 年，文艺宣传队由裴胡呆负责，以第二良田队为基地学戏排戏，1982 年 10 月 28 日，宣传队进城参加临汾地区农村业余文艺会演，董西梅、李芙蓉、邢小辰获表演奖，高德华获创作奖。

◉ 教育

心溪书院 明朝后期，乔李王氏历经五代 100 多年努力经营盐务，成为一方巨富，把生意做到自镇江、维扬，至山东临清及直隶天津、南宫、顺德间。王氏第十一世王师旦（1579—1644），字宗周，号心溪，诰授兵马司指挥，于明万历三十七年（1609）在乔李后街创建心溪书院，内有晋潢南王赐匾上书“漱芳茹华”四字。旧时乡村只有私塾蒙馆之类的“初级”学校，称之为书院，并有明皇族王公题字可见其规制之高。这个书院中间办学过程缺乏记载，过了 180 多年到乾隆五十五年（1790），王氏第十六世王之藩（1745—1824）主讲心溪书院，并且“从游者渐众”，他的学生中有 13 人考取了秀才。由此可以理解乔李城南印台岗上文庙周围柏树郁郁葱葱，都是因为每考中一名秀才都要手植柏树一株，也说明当时心溪书院办得非常成功。到嘉庆十三年（1808），王之藩已是一方名声显赫的“大儒”，终于被皇上任命为介休县儒学训导。心溪书院最后的命运无从考究，但它存在了 200 多年，对于提高乡民的文化水平起到了重要作用。

县立六高 1919 年，民国政府在乔李成立了县立第六高级小学堂（简称六高）。这是乔李新式教育之始。当时的口号是“改庙宇为学堂”，六高就是在西北城角玉皇庙原址向南扩建而成，规模宏伟、样式新颖，西式大门两边刻有一副对联：

北霍临涝葱郁河山隐秀气，

西欧东亚晦暝风雨发天真。

大门两边壁上写着“天下为公，世界大同”八个大字。六高为全新式学堂，学制二年，一届学完毕业再招一届，每届一个或两个班，每班 40 余名学生。开设科目为：国文、算学、历史、自然、地理、公民、党义和康乐等。从 1919 年招收第 1 班学生，到 1937 年秋招收第 14 班，共办学 18 年。1938 年正月，日本侵略军占领乔李而停办。六高培养了一批农村青年人才，如高维昆、薛克俊、李晋三于 1935 年参加了红军，王思敬、李成文等于 1936 年参加了牺盟会、决死队，在抗战中为国捐躯。六高停办后张光亚、宋国璋、段秉善、张志善四名青年教师及学生梁景申等一起去投奔八路军，还有邢惠民、吴寿昌等加入晋军。

抗日战争期间，六高校舍曾被作为烟坊，制作青条潮烟。1939 年，烟坊遭到“黑军”洗劫，被枪杀三人，伤四人，烟坊停办，屋舍从此败落。1946 年，阎政府编村，将村里 11 人抓到河西吴村，限 3 日内交粮交款赎人，村长高维岳无奈，将六高房产卖掉救回人质，从此六高被拆得片瓦无存。

第四高级小学 1945 年 8 月日军投降，乔李村解放，政府即恢复了乔李小学。但乔李正处于国共“拉锯区”。1947 年，乔李小学负责人、乔李村地下党支部书记梁继超，被国民党军抓到临汾，之后遭乔李村地主、富农及反动分子告密而遇害，教师王耀亭被国民党特务组织“流动工作队”抓住。由于不愿为其带路不愿随其进城，遭枪击不治而亡。一年内两位教师壮烈牺牲。

1948 年 5 月临汾全境解放后，1949 年 3 月 16 日，临汾县第四高级小学在乔李成立，乔李村的教育走上正轨，初小四年与高小二年分段，初小招本村学生，高小招周围 30 多个村学生，基本上每年招 2 个班近 100 名学生。1949 年至 1967 年共招 33 个班。这一时期教学秩序正常，每年都有一批学生考入初中，初师，后来不断有上高中、中师、中专以及考入大学者。

七年一贯制学校 1968 年，国家将小学学制缩短为 5 年，初中缩短为 2 年，把农村完小全部升格为七年制学校，并且实行贫下中农管理学校。乔李完小改制为七年一贯制学校，乔李党总支派副书记兼贫协主任刘月恒“进驻”学校，所谓管理学校，不但管政治，还要管教学，更重要的是管经费，实质是国家把教育经费转嫁到农村，国家除了发放公办教师的工资、民办教师微薄的补助之外，所给经费，微乎其微。乔李村党总支重视学校工作，大力投资，给学校划拨土地作为校办农场，种粮食蔬菜作为教师生活补贴，将学校电费及其他开支全部包下来，每到秋后先给学校拉回过冬取暖用的焦炭，这样每年投入十余万元（这在当时是一笔很大的开支）。

1970 年至 1972 年，村党总支另选新址新建 20 间教室，24 间教员室及其他用房，这是解放后 20 多年来所建设的一所新学校，使乔李学校面貌和办学条件发生了巨大变化。

1975 年，七年制学校又升格为九年一贯制学校，即办起了高中部。村里又投资建成 8 间教室，24 间教师宿舍。1980 年，县上调整高中教育，将乔李高中点撤销降格为七年制学校。1981 年以后，学制恢复为小学六年，初中三年，乔李小学与初中分设。

1994 年，乔李村委会将小学平房拆掉建成 2400 多平方米 23 间教室的教学楼，并建成锅炉房等配套设施，在临汾市（今尧都区）农村学校第一家安装了暖气。2000 年又建成 1800 多平方米的中学教学楼，配备了图书室、实验室、电脑教室等设施，极大地改善了办学条件。

进入 21 世纪，农村学校已全部由国家办，民办教师也全部转为公办，乔李村委会仍一如既往地支持两个学校（中学和小学），于 2002 年建幼儿园。全村形成浓厚的重视教育，培养子女的风气。几十年来，全村考入大中专学生达 450 余人，许多农家子女考入国内名牌大学，取得硕士、博士学位还有出国留学者，使乔李成为临汾地区的文化。

1994 年建成的乔李小学教学楼

2008 年建成的乔李中学教学楼

2015 年新建的乔李村幼儿园

乔李村研究生及留学生一览表

表 11

姓名	性别	出生年月	就读学校及学位	工作单位
吴康健	男	1963 年 6 月	赴美国留学博士后	留美工作
李晶芳	女	1963 年 11 月	赴美国留学硕士	留美工作
韩加良	男	1965 年 8 月	赴加拿大留学硕士	留加工作
刘秀绒	女	1965 年 10 月	赴加拿大留学硕士	留加工作
王康谊	女	1967 年 10 月	中北大学硕士	中北大学教师
刘仙绒	女	1968 年 6 月	赴美国留学硕士	留美工作
贾新保	男	1968 年 7 月	太原理工大学硕士 天津大学 MBA	山西焦化集团
吕洁平	女	1971 年 12 月	山西医科大学硕士赴美研修	山西医科大学第一附属医院
吕亚平	女	1974 年 8 月	山西师范大学硕士	山西师范大学教师
郭云鹏	男	1974 年 10 月	国防大学硕士	宁波北仑区市场 监督局
许建鹏	男	1974 年 12 月	中央党校硕士	海南省委政研室
吴春敏	男	1976 年 4 月	中央党校博士	辽宁医学院教师
吕小明	男	1977 年 2 月	山西师范大学硕士	临汾市政府机关事务管理局
郭云龙	男	1977 年 7 月	北京印刷学院硕士	北京工作
贾永刚	男	1977 年 7 月	西安交通大学硕士	北京城建设计发展 集团
王骁丁	男	1977 年 8 月	同济大学硕士	上海现代建筑设计 集团
李临平	女	1977 年 10 月	赴美留学博士	留美工作
霍志刚	男	1978 年 1 月	中科院博士	中科院计算机研究所
许俊如	男	1979 年 10 月	西安石油大学硕士	西安航天动力机械厂

续表 11

姓名	性别	出生年月	就读学校及学位	工作单位
贾　杰	女	1979 年 12 月	山西大学博士	山西大学教师
孙　芳	女	1980 年 7 月	四川大学硕士	广灵县第五中学
孙奴奴	女	1980 年 9 月	华南农业大学硕士	运城学院
李飞峰	男	1981 年 3 月	哈尔滨医科大学博士	哈尔滨医科大教师
刘菊芬	女	1981 年 10 月	北京大学硕士赴美研修	北大医学院
孙孟良	男	1983 年 4 月	山西医科大学硕士	西安航天总医院
郗志鹏	男	1984 年 4 月	国防科技大学硕士	解放军 96876 部队
刘　锐	男	1984 年 5 月	山西财经大学硕士	国家卫计委
任国松	男	1984 年 10 月	中国政法大学硕士	陕西永嘉信律师事务所
李升升	男	1984 年 12 月	甘肃农业大学博士	—
郭欣欣	女	1985 年 5 月	陕西师范大学硕士	湖北利川五中教师
侯　宁	男	1985 年 10 月	河北联合大学硕士	临汾市妇幼保健院
刘　伟	男	1987 年 3 月	山西师范大学硕士	临汾同盛学校
李园园	女	1987 年 7 月	山东大学硕士赴美研修	第三军医大学 重庆大坪医院
陈艳军	男	1987 年 11 月	西南大学硕士	临汾一中教师
徐亚洁	女	1988 年 3 月	天津医科大学硕士	天津大学第二附属 医院
张一洋	男	1988 年 9 月	北京大学硕士	上海外资企业
王　蕾	女	1988 年 10 月	香港科技大学硕士	临汾城投公司
邢　芳	女	1989 年 2 月	中央音乐学院硕士	北京工作
邢婷婷	女	1989 年 7 月	中国科学院硕士	北京工作
付永清	男	1989 年 10 月	广州医学院硕士	广州工作
田美玲	女	1990 年 5 月	西北大学硕士	吕梁学院教师
王亚宁	男	1990 年 6 月	苏州大学硕士	在读
纪婷婷	女	1990 年 7 月	山西师范大学硕士	在读
吴慧聪	男	1991 年 2 月	南京理工大学硕博连读	在读
王青青	女	1991 年 4 月	四川大学硕士	在读
王　真	男	1991 年 8 月	云南师范大学硕士	尧都区大阳镇政府
来颖颖	女	1992 年 6 月	山西师范大学硕士	在读
贾慧芳	女	1993 年 7 月	华中师范大学硕士	在读
刘　琪	女	1993 年 12 月	长安大学硕士	在读
董艺凡	女	1994 年 11 月	苏州大学硕士	在读
孙志慧	女	1994 年 12 月	中国农业大学硕博连读	在读
乔亚琪	女	1995 年 3 月	中国农业大学硕士	在读
王方仪	女	1995 年 5 月	赴美国留学	在读
常旭婧	女	1995 年 6 月	大连理工大学硕士	在读
王佳丽	女	1995 年 6 月	太原理工大学硕士	在读

民间风俗

乔李村民勤劳坚韧、质朴善良，不畏强、不凌弱，和为贵、忍为高；乔李的民风，忠孝传家，尊道守信，无宗派、无恶习，不内斗、不排外。全村人心向善团结和谐，儒学道统古风犹存。

新中国成立后，在共产党领导下，乔李人民表现出更高的精神境界。"文化大革命"期间，全村群众在党总支坚强领导下，一心一意促生产，发展集体经济。在农村改革初期，乔李人不搞一刀切，不搞分光分净，党的领导没削弱，群众人心没有乱，集体经济没有散，共同富裕道路没有偏。这一切都体现了乔李村党风正、民风纯，所以被中宣部和中央文明办授予"文明村"称号，被山西省委宣传部和省文明办表彰为十大文明标兵单位。这些光荣称号的背后，正是蕴藏在深厚醇正的民间风俗和村民信仰中的文化底蕴。

乔李村民勤劳坚韧、质朴善良，不畏强、不凌弱，和为贵、忍为高；乔李民风淳朴，崇尚忠孝传家、尊道守信，无宗派、无恶习，不内斗、不排外。

◉ 岁时节日

春节

农历正月初一为春节，俗称大年。乔李村民过春节的准备一般从腊月初八开始。

腊八节 农历十二月（腊月）初八，这是辞年礼俗的起点，从这一天开始，人们进入过年的准备工作，如准备新衣服、置办年货等。这一天要喝“腊八粥”（即用大米、小米、各色豆类、麦粒、花生、核桃仁等熬成的粥）。还要腌制“腊八蒜”（即把蒜瓣泡在醋中）以待春节食用。

祭灶节 农历腊月二十三，俗称“过小年”，相传这一天是灶君回天宫的日子，灶君要将一家人这一年间的情况向天宫汇报，因此祭灶君时要献上“灶糖”（即麦芽糖制成的芝麻糖）寓意将祭君的嘴粘住，不让他汇报自家的缺点劣行。灶君爷神龛的对联“上天言好事，回宫降吉祥”，就是一家人的期望。

祭灶君后，家家开始大扫除，进入准备过年最繁忙的阶段，如民谣所唱的：

二十三送灶君，
二十四大扫除，
二十五掏茅出圈扫院子，
二十六剃头沐浴洗衣服，
二十七杀猪宰羊做豆腐，
二十八蒸年馍馍炸麻托，
二十九挑水洗菜贴对子，
除夕夜团团圆圆吃年饭，
大年初一吃了扁食挣核桃。

除夕　即大年初一前夜（腊月三十夜有时是腊月二十九夜）。白天家家扫院子、贴对联、门神、挂件、窗花，包饺子、炒菜、准备年夜饭。入夜，燃放爆竹“接神”，“接神”仪式是即接神灵又接祖先，在院中摆放“天地爷”神坛，将封存一年的家谱神子挂在正厅重要位置，一一献上祭品，逐一上香叩头。祭完祖先之后，家中子孙就依次给长辈行礼拜年，老人给未成年子孙压岁钱，之后吃团圆饭、守岁。

80年代以后，家里有了电视机，一家看央视春节文艺晚会直至子夜零时，各家爆竹鞭炮响声震天，一片热闹气氛。

大年初一　黎明即起，人人衣着一新，早饭仍为饺子，之后亲族邻里相互拜年问好，老人给儿童压岁钱（旧时或给些核桃红枣等零食，即所谓“吃了扁食挣核桃”，扁食即饺子）。

春节特色食品：主要是饺子，有肉馅（猪肉、羊肉、牛肉）、素馅（莲菜、韭菜、胡萝卜）等。节前已经蒸好的糕儿（谐音“高儿”表示升高、高寿之意）。枣花（各种花样的馍）蒸熟后要经过油炸，便于存放。还有一种“麻托”（或称“麻糖”）是面皮中夹着糖或枣泥和成面切成单片油炸而成。有的人家做“蒸饭”，即用5千克左右的软黍米与红枣合蒸一笼蒸熟存放，食用时切一块蒸热即可食用。

正月初二　清早起来“接财神”是专为财神爷设的节，表达人们追求财富的愿望。仪式也是放炮烧香敬献礼品等。

拜年　从正月初二开始是走亲戚拜年的日子，在乔李旧时正月初二是去姥姥家拜年，若有人去岳父家会被人讥笑（说他把丈人家当姥姥家）。但近些年，年轻人也像城里人一样，正月初二即夫妻相随去岳父家。旧时正月初三女婿才去岳父家，之后姑姑家、姨姨家等亲戚家。晚辈给长辈拜年总要拿“糕儿”（每一位老人一个）、枣花馍之类的礼品，现在物质丰富了，拿糕点、鸡蛋、水果、烟、酒等礼品的越来越多了。从前，女儿只能在破五（正月初五）以后才能回娘家给父母拜年。

破五　正月初五，所谓“破五”，谐音“泼污”，自大年初一至初五内家中垃圾不可往外倒，只能破五这一天才把几天来积攒的垃圾倒出。人们说正月初五为“送穷节”。傍晚，在神位前烧香叩拜，撤下贡品，卷起家谱神子，鸣放鞭炮谓之“送神”。此前几天每日三顿饭都要上香献祭、奠酒，至此，年节告一段落。

元宵节　正月十五，又称“上元节”，俗话说“正月十五闹元宵”，乔李人历来重视闹元宵，从正月初一下午，各街群众已开始在各街十字里敲响威风锣鼓，有人组织准备“闹红火”的表演节目。旧时东街每年正月初二、初三就搭起了秋千；后街在宽阔场地搭起了“蜗牛”（长杆旋转），或者准备踩高跷、跑旱船。北街在 1952 年搞的“闹生产运动”广场表演，表演者戴上纸糊的牛头、马头，拉上自制的小犁小耙，表现发展生产、走互助合作道路，轰动了临汾城，在县上拿了奖。乔李人每年都要准备进城表演，即使不进城，本村也要集中各街表演，评个高下。前街因为有老马会做炮仗而在 1953 年设计的“解放台湾”节目深受好评，在广场上一只高大的解放军的“军舰”，在鞭炮声中，在施放的焰火中，驶向“台湾”，解放了“台湾”。这些节目，在群众中留下深刻印象，传为佳话。乔李的威风锣鼓队更是名扬临汾，锣鼓敲得十分亢奋，围观群众分外激动，年年都有热闹的场面，年年都有新奇的表演。

元宵节的特色食品即“元宵”，从前多是自家“滚元宵”，用糖和芝麻粉加以青红丝、核桃仁做成杏仁大小的馅，过水后捞入放着糯米粉的簸箕中，摇摆滚动，馅上粘满米粉再过水捞出，继续滚动，反复几次，就“滚”成核桃大小的元宵了。下锅煮熟，即为美食。本地不产糯米，有人就用软黍米面替代，只是颜色黄一些，一样好吃。但在困难时期，有人用红薯粉替代，滚成元宵倒也相像，煮熟后红薯粉发青色，且又筋又硬。在艰难的环境中，一家人团聚吃此元宵，虽未必好吃，也自得其乐。

添仓节　正月二十，因城里几乎年年燃放焰火，又称焰火节。此日祭仓官，期望粮米满仓。又传说是老鼠娶亲日，旧时人们爱贴“老鼠娶亲”一类的木板年画。添仓节，自然要“添仓”，用稀面糊，在鏊子上摊成薄饼（俗称“摊馍馍”），将其撕成小块，凡粮瓮、面瓮、米瓮等盛粮食、食品的容器中都放一小块，包括鸡盆、猪盆、牲口槽内、水缸内都要放上。同时在每间房中包括牛棚、猪圈、茅厕等都要点亮一盏小灯，这小灯盏有烧造瓷器做的，但更多人家，切个胡萝卜刻个小坑加入少许食油，放一根棉花搓成的细捻子做成一盏小灯。

添仓节的特色食品是卷卷，又叫“春卷”。即用豆芽、藕丝、韭黄、胡萝卜丝几种混合配以肉丁、蛋丝、海带丝、粉丝加入调料做成馅，用“摊馍馍”（薄饼）卷起来，食用时在鏊子上用油煎熟，菜香油多，堪称美食，村人戏称其为“油轱卷”，农谚说“吃了油轱卷，安心做人家”，至此春节活动结束，时令已过“立春”，村民开始下地劳作了。

清明节 清明是重要的传统节日，主要是祭祀祖先，在外游子大多也要回村祭祖扫墓。清明时节都要到祖先茔墓去祭扫，祭扫日期一般看自家时间安排，大户人家大都集中在一天统一行动。有人提前半月之内就可上坟扫墓。本村一般习惯是清明前三天扫新坟（即三年内新葬坟茔），清明前两天扫旧坟，清明前一天为“歇节日”，规定为鼓手乐户上坟日，这是旧时鄙视下人的一种陈腐规矩。

上坟的祭品，家家要蒸做蛇馒头和掬娃儿，蛇馒头实为一圆蒸馍内包豆馅或包一二枚红枣，上盘着用面搓成的一条蛇，蛇头嵌两粒黑豆做蛇眼睛，剪开小口为蛇口，还有做一双头蛇，或又加盘一小蛇。掬娃儿是将面团揉成鸡蛋状或稍大，一端嵌入黑豆为眼，在背上剪成如刺猬状，形如刺猬。要准备纸钱、冥币，大多自已用锡箔摺元宝，还要准备几碟蔬菜，几碟干果点心，烧香叩头，焚化纸钱后，要将蛇馒头、掬娃儿从坟头滚过，然后分配给本户来上坟的儿童每人一个，之后要修整坟头，俗称“添土”，添土时要压上一些五色纸钱，或插上一个小花圈。

清明节正是植树的时节，家家栽树尤其有在坟茔地植树的习惯。

端午节 农历五月初五，又称端阳节，是纪念屈原的传统节日，以此进行爱国主义教育。家家门楣上插上艾叶，认为以此可驱五毒（蛇、蝎、蜈蚣、壁虎、蟾蜍）。旧时男人穿红肚兜，女人和孩子系香包和五色线。端午的特色食品为粽子，家家用粽叶将泡好的糯米和红枣包成棱锥形或柱形用细线绑紧，下锅煮熟，并互赠亲友。

七夕节 农历七月初七为七夕节，又称乞巧节、情侣节。民间传说这一天夜晚是牛郎织女在天上相会的日子，喜鹊搭桥牛郎过河和织女相会。是夜姑娘们在葡萄架下或合欢树下，愿牛郎织女常相会，并向织女乞求，保佑心灵手巧，变得聪明。情人多在这一天相会。

中元节 农历七月十五，是一个专门祭祀祖先的节日，大多人家去坟茔祭拜，有些人家坟茔远或在外地，则在村旁大路边将纸钱冥币、元宝焚化。中元节特色食品是“干圪栏”，现在人都叫“石头饼”，即用白面掺入鸡蛋、油、盐和好，擀成薄饼（如碗口大小），放在烧热的小石子上烙熟，由于在石子上烙，故其表面凹凸不平。若用发面擀成较小而厚的饼如法炮制，则叫“饽饽”。

中秋节 农历八月十五，又称团圆节、赏月节。为一年中仅次于春节的重要节日。时值秋高气爽，收秋种麦之际是农村十分舒适的季节。中秋之夜，月亮又大又圆又亮，家家院中摆一小桌，献上月饼、瓜果，上香拜月，同时，备几碟菜，邀请邻里朋友赏月小酌，共同庆祝五谷丰登、幸福安康。

中秋节特色食品是最有名的月饼，从前家家自制，用油、鸡蛋和面，以糖、花生、核桃、瓜子等为馅，烙烤而成。

重阳节 农历九月初九，又叫“敬老节”，旧时村人蒸糕儿祝老人高寿。国家把这一天定为“敬老节”后，村里届时都要举行敬老活动，慰问老干部、老党员，表彰孝道子女，村人互相祝老人健康长寿。

重阳节特色食品为“糕儿”，春节或老人生日过寿时也要蒸“糕儿”，糕儿用白面的发面，擀成三个圆片，上下两片捏成花边，先在下片间隔放几枚红枣，覆以中片，在中片上再间隔放同样数量的红枣（中心也可放红枣）将上片盖上蒸熟。专为老人祝寿者，上片之上，居中再放一个小面桃蒸熟即可。“糕儿”谐音“高”即升高、高寿之意。可大可小，大者直径八寸需 1 千克左右的面，小者直径约 3 寸。

寒衣节 农历十月初一，人称“送寒衣”，又一个专为祭祀祖先的节日，上坟时，除焚烧纸钱、冥币、元宝外，因冬天来临，还要为逝者送去过冬的衣物、被褥，因此要用纸做衣服鞋袜及被褥，做被褥时要内夹籽棉少许。祭献除通常的蔬菜干果外，还有“福角”。“福角”即为寒衣节的特色食品，其做馅发面与包子完全相同，只是包成饺子状，包合处要捏成花边，蒸熟作为祭品，其体型比饺子大多了，甚至比包子还要大些。

冬至节 冬至也是二十四节气之一，从冬至起开始“数九”，进入一年最冷的时期，村里风俗，冬至这一天，家家包饺子吃，说冬至吃饺子不冻耳朵（从前天寒地冻，耳朵常被冻的起冻疮）。

◉ 人生礼仪

生育

生儿育女，繁衍子孙，对家庭乃至宗族是至关重要的大事，是家庭兴旺的重要标志。也会受到亲戚友邻周围社会的关爱和祝福。

怀孕 村人称怀孕为有喜，从前对孕妇有种种禁忌，有些含有迷信色彩，但还是为孕妇与胎儿健康平安着想。

分娩 旧时医疗条件差，接生多为请村里“接生婆”，临产前要在炕上铺上麦秸，让孕妇靠卧其上，俗称“坐草”，让婴儿生在草上，俗称“落草”。接生方法落后，条件非常简陋，如常用破瓷片或家用剪刀割断脐带，极不卫生，婴儿常易发生叫“四六风”的病，危及生命，故初生儿的死亡率很高。解放后重视妇儿健康，推广新法接生，对村里“接生婆”进行培训。各公社（乡镇）医院都设妇产科，有专职医生,70 年代前，即使在家分娩也有专业医生接生，80 年代以后大多住院分娩，新生儿死亡率大大降低。

坐月子 妇女分娩后一个月是最重要的休息调养阶段，称为“坐月子”以前也有许多禁忌如分娩后即在院门口撒一行炉灰，在门上栓一红布条，告知外人不得随便进入。旧时坐月子期间每天让产妇吃四五顿甚至六七顿饭，但只给喝稀米汤泡“死面饽馍馍”（即白面烙饼），最好的营养品只有鸡蛋。不让产妇吃炒菜和吃鱼肉之类。解放后，医疗条件改善，科学知识普及，营养更为科学丰富。旧时坐月子期间产妇是不能住娘家的，但在分娩前或分娩后立即将产妇娘家母亲请来让其照顾女儿一个月。分娩后 3 天、7 天和 12 天为至亲探视期，这几个日子都是初生儿度过危险期的关键日期，亲友探视一般拿些红糖，鸡蛋等。

过满月或过百岁 孩子满月要设宴庆贺，亲戚友邻都来祝贺，特别是姥姥家、姑姑家、姨姨家都要蒸制“箍栏”（发面做成圆圈上捏各种花色的面塑），大者常用 2 千克左右面，寓意为“套”住让孩子平安成长，还要给孩子戴一个“锁儿”，从前是用红线编一串铜麻钱，现已找不到麻钱而直接系上现金，“锁儿”的寓意自然是将孩子“锁住”。有的人家不过满月到孩子诞生一百天才庆贺，称为“过百岁”。很少有既过满月也过百岁者。当今社会上铺张之风甚盛，请客敛财动辄几十桌，乔李村文明理事会有明确规定，不准收乡党礼，限制请宴桌数，效果很好，以此端正村风。

过头生日 孩子周岁依然要庆贺一番，亲戚家所做“箍栏”可以是白面面塑，也可以油炸 12 个中间掏空圆圈形的油饼。仍然要给孩子戴“锁儿”。之后，每年孩子生日姥姥家都要来送“箍栏”戴“锁儿”，直到 12 岁。

过十二 孩子过十二岁（十一周岁）生日称为“圆满”，即孩子度过童年时期，圆满结束童年时代，已经长大成人了。亲戚友邻前来祝贺，至亲仍送“箍栏”，串“锁儿”（此后至结婚时再最后送一次“箍栏”）。主人准备筵席招待亲友。

婚嫁

议婚 旧时男婚女嫁唯“父母之命、媒妁之言”是从，男方先要委托媒人到女方家提亲，双方家长根据对方门第、财产、口碑、品貌等斟酌，决定婚事成否。

合婚 如双方满意，男方再次托媒人到女方家，问女儿姓名、属相、生辰八字，请人审看双方命相是否相合，此谓“合婚”。

纳彩 如双方命相相合，媒人再去女方家商议彩礼及女方要求等事宜，商定后，如数送去礼金、布匹、衣物等。媒人来回穿梭商谈，男方家都要请吃饭，故有“婚事成不成，先吃七八十来回”之说。

换帖 双方同意之后，男方写出求婚帖，女方写出允婚帖，名曰“喜帖”，双方交换，俗称“换帖”。民国初年，双方需到县衙，遵章纳税交款，领取“订婚礼书”俗称“龙凤官帖”，证明婚事已取得合法手续。

订婚 办完手续，即可举行订婚仪式，从前订婚仪式（纳彩、换帖同时进行）仍是双方长辈、亲戚长辈参与，男女仍不见面，后来，订婚时，女儿在长辈、平辈同伴陪同下到男方家，并要给男方长辈一一行礼，长辈都要给“见面礼”。旧时包办婚姻，男女双方不到结婚时不见面。但解放后政府颁布婚姻法，提倡自由恋爱，使议婚到订婚过程有了新的内容。

见面谈话 议婚双方同意后，让青年男女见面交谈，再决定是否成婚，此时男方要给女方“见面礼”，有的是“四成礼”（解放初如手帕围巾鞋袜或钢笔、笔记本之类），有的则是要给钱，开始仅三元、五元，后来越来越多，女方若接受就表示同意。

进城照相 到了 60 年代，流行拍订婚照，男女双方在媒人带领下进城照相，（当时只是一个两寸大小的黑白合影，不像当今一大本“艺术摄影”和巨幅合影），有时也顺便买些订婚的衣物。

随着社会进步 60 年代以后风气大变，男女自由恋爱结婚者居多，由于集体劳动，本村青年结婚者越来越多，新的婚姻观念，新的结婚方式，早已打破了旧的传统，旧的模式，主要是通过“红娘”牵线，互相议定，经双方家庭大人同意，然后商议彩礼购买“三金”（金戒指、金耳环、金项链）等，有时也需介绍人从中说合，再进入婚姻殿堂。

结婚 结婚日期大多要请人选择吉日，届时男方派人随媒人到女方家取陪嫁物品谓之“妆奁”有时还有箱柜、自行车缝纫机等物，女方请账房先生将“妆奁”逐件写入“交单”，女方未成年小弟或侄子作为“押财人”俗称“小亲家”至男方家，按预先商定的数额给“小亲家”“喜钱”，从前三元、五元、十元如今越来越多，几百元甚至千元。男方要在仪式屏风前当众宣读“妆奁”交单，与实物一一相对无误，才请人锁入箱柜之中。出嫁的新娘要请“全人”（即上有公婆，下有子女的妇女）开脸束发把辫子盘成发髻，俗称“上头”。现今，则到美容美发店化妆。

亲迎 无论过去现在，新郎都要亲自到女方家迎亲，要向女方长辈行礼，女方要摆席让新女婿一人坐上座（俗谓“上杠子”），这是新郎一生很荣耀的事。从前，迎亲要抬花轿，解放后改为骑马，60年代改为骑自行车，路程远则要准备马车。再后来乘拖拉机、小四轮，之后开始用小轿车，轿车数量越来越多，档次越来越高；开始头车要用红色轿车，寓意为红红火火，近十年则前后两车均要白色越野车，寓意为白头偕老，中间往往要六辆、八辆清一色奥迪车，甚至要奔驰等名牌车。从前新郎穿长袍、马褂，新娘穿凤冠、霞帔；如今新郎西装革履，新娘则穿红色婚纱，有的学习西方着白色婚纱，寓意爱情洁白无瑕。

新娘到门口，鸣放鞭炮，旧时新娘下轿，由“全人”搀扶，新郎用红绸带牵引，新娘足不沾土，从前将麦秸撒在路上，后来改铺簟席，近来更是铺着红地毯，进入院中拜堂。

拜堂 在院中或大厅中设置花堂，旧时是天地牌位，所拜堂称“拜天地”。解放后挂毛主席像，给毛主席行礼。现在往往放置一对新人巨幅合影，或巨幅“全家福”合影。由一有威望之人担任司仪，逐项进行，如一拜天地（后改为给毛主席行礼）、二拜高堂、夫妻对拜，拜堂时新娘要“认亲”，逐一给男方长辈行礼，长辈要给礼钱，俗称“拜礼钱”。现在常由礼仪公司主办，礼仪公司的主持人，口若悬河，妙语连珠，要让新郎新娘表白嫁娶自愿、白头偕老之意。

入洞房 拜过天地之后进入洞房，旧时新郎要揭下新娘头上的红盖头，打闹的人把一朵鲜花插在顶棚上，让新郎抱起新娘把花拔下来。要在炕上亲友赠送的一叠被子中放入红枣、花生、核桃等物，也有红包，让亲友和同辈的伴郎伴娘去抢，寓意早生贵子、花着生（有儿有女）。

闹房　俗话说“三日以内无老小，叔叔伯伯胡圪捣”，意指新婚三日之内年轻人无论辈分都可以参与闹房，旧时新郎新娘第一次见面，难免陌生，闹房就是活跃气氛、让其亲近，打破这种陌生尴尬的局面。闹房分“文闹”和“武闹”，所谓“文闹”就是让新娘说曲儿、唱个歌儿；“武闹”则要新婚夫妇动手动脚，搂抱亲吻。

回门　新婚第二天或第三天，新郎陪新娘第一次回娘家，女方家要备酒席，宴请新郎。从前新娘就住娘家三日，再由新郎接回，现今新夫妇相随返回。盛大的婚娶就此完毕。到新娘第一个生日，娘家父亲要拿着礼物来“交生日”，即告诉婆家女儿的生辰，男方自然要盛情接待。

寿庆　祝寿，俗称过生日、闹寿，一般整数才过。乔李村人50岁以下一般不过生日，50岁虽儿婚女嫁，但不算老，很少有人敢闹寿，只是儿女团聚在自家吃顿饭。60岁起就有人闹寿了，俗话说“人生七十古来稀”，儿女亲邻往往在70岁或69岁要给老人祝寿，宴请宾朋，摆设宴席，有的还要举行仪式，让晚辈给老人拜寿，十分喜庆。79岁或80岁，89岁或90岁，更是必过。村里有为老干部、老党员、老烈属祝寿的规定，村委会送寿匾、村干部还要讲话。村里已有两位百岁老人，99岁或百岁时，村委会也送上寿匾，表示祝贺。

从前闹寿时亲邻都是蒸12个寿桃两个糕儿，表示祝贺，子女则另买衣服、布料相送，现在都改为给钱上礼。当今社会铺张之风盛行，有的大闹寿庆，甚至敛财收礼。村委会和文明理事会加强管理，订立规矩，村人基本可以执行。

丧葬

入殓　发现老人已有将逝先兆，即给其穿好寿衣，宁可提前穿好，不要等逝后再穿。去世后立即将遗体置木板上，有的做棺木时已做好“七星板”，或临时卸下一门板，不能让“背炕”（长时间放在炕上）。老年人棺木一般在60岁以后健康时已经做好，棺木应由儿子准备，寿衣一般由女儿做，也是提前做好。去世后将棺木抬出立即入殓，将遗体连“七星板”一起放入棺内，按当年方向置于厅内。入殓前，要给逝者理发、整容，入殓时，逝者口内放一“口含钱”（一带线的麻钱），右手执一“马鞭”（一小棍上系一麻披），袖筒内放七个麸蛋（左三右四），寓意为福。要将遗体放平整并用七个“胡梯”（土坯）将头部夹紧，防止移灵时或抬送时在馆内晃动。（现已没有土坯可用，多用成卷卫生纸垫紧）。

报丧 当天或第二天即派友邻去亲戚家报丧，将去世噩耗和出殡时间告知。除非路途太遥远者，报葬人一般不在亲戚家吃饭。

守灵 逝者子孙从入殓后即要坐草守灵，灵前香火不断，长明灯不熄，每餐要献祭，早晚要叩拜哭祭。

吊唁 亲邻友朋闻讯后即前来吊唁，男子一般要叩拜，妇女常要哭诉。子女对来吊唁者要叩谢。

移灵 逝后第三天要在院中搭好灵棚，至中午时分先行封棺，俗称“封口”，即将棺盖用七个大铁钉钉好（左三右四），然后拴紧箍绳（箍绳是预先备好的细麻绳，前三匝后四匝是为了把棺木固定好）。然后移入灵棚内，之后子女亲属依次哭祭。布置灵堂献上祭品纸扎等物。

打墓 按出殡时间预期开始打墓，至出殡下葬时，不能停工。打好墓在出殡前一日要“暖圪”，即如生者“暖房”。如逝者为合葬（即夫妇已有一人先逝已有墓穴）则要女儿前去“开墓门”（由女儿先抽去墓门中一砖，以示开启）。给打墓者所送饭菜若剩下也不能带回，“暖圪”所用献菜、油饼也由大家在墓地分吃不能带回。

出殡 乔李村文明理事会规定，第四天出殡，有特殊情况也可例外。出殡之日清晨，子女亲属即行家祭。早饭后举行公祭，或称追悼会（一般家庭不开追悼会）。大约中午 12 时起灵，起灵前再行家祭。顺序由远及近，最后为孝子祭，撤去跪拜所垫席子，在土地上九叩首，之后众人将灵柩放于抬架上，一般用 16 人抬，抬者就位，大喝一声起灵，孝子跪于前摔瓦盆，亲属子女哭于道，男在灵前，女在灵后，至村口，大家跪送，只有孝子等人送至墓地，女眷一行哭回至灵位前。

乔李送灵规矩，都须抬送至墓地，半途可以换人但灵柩不能落地，也不能车拉，即使稍远也要抬去。至墓地，用大绳将灵柩慢慢放入圪中，再移入墓窑中放好，再将墓门用砖砌封死，大伙培土将外封土捋整齐，成“马鬣封”。培毕将所用锹集中插在土中，上香，由一人拿扁担一下将锹把全部打倒，最后，凡来墓地者一齐叩头，孝子叩谢；大伙返回，至家门外，从焚化所遗枕头等物的火堆中跳过，再入家中洗手吃饭。

复二 又称“福尔”，出殡之日若逢农历双日，则在埋葬的人回来后，由小儿子或侄儿、外甥赶车（现在开车，若茔地近则步行），与儿媳、女儿等女眷代表复去坟地祭奠，拿 4 个大馒首及香蜡酒馔，叩拜后由男子将插在坟头的“引魂幡”“子孙娃娃”打倒，并再次捋土。返回时每人手中抓一把麸皮，沿途慢慢从指缝中遗漏，至家手中所剩麸皮往灶君香炉中放一点，其余放于炕席之下，以示把福带回家，故名“福尔”。

祭祀　去世当日已请先生写好“七单”，子女按“七单”逢七祭之，一般只祭头七、三七、五七、七七称“尽七”，本村不祭而祭“五十日”，亲戚一起到坟头祭奠，同时焚烧七单。至逝后百日子女亲友再去坟头祭奠。

去世后第一个生日称“冥寿”，子女亲友再行祭奠。此后，逝者一、三、五、七、九周年忌日都要祭奠，十周年忌日更为隆重，祭过之后再不过周年。

逝后清明节扫新坟三年，之后与其他先逝祖先一样扫旧坟。扫新坟时女儿亲戚都要来祭。乔李规矩，女儿亲戚不扫旧坟，不像有的地方女儿每年都去给娘家上坟。

乔李村文明理事会规定丧葬不动鼓乐，不披麻穿孝，只戴黑纱（后为孝牌）。从前丧葬要用鼓手乐人和僧道送仟，有的女儿家还要另请一伙僧道，需费许多钱财。穿孝服时则要以白布护鞋，要给所有上祭者“破”头布，给侄儿、外甥等“破”白裤，给侄媳、甥媳“破”白裙，给女婿“破”白色长袍，需费许多白布。自“四清”运动以来再无人家动鼓乐、请僧道，再无人家穿白戴孝。

◉ 衣食习俗

衣饰

发冠　乔李村公所的遗物中曾有民国初年的一张“告示”：

“今奉县谕前者出示数张着绅民商等一律剪发现省长派员驻县即日来票催限三天一律剪绝呈具干结毋得逾期倘若逾期查出罚大洋三元晓谕我镇人等速速剪发毋得片延如有故违一经查出定行罚办那时悔之晚矣毋谓言之不早也特此达知。”

阎锡山政府把“剪发”作为实施“六政三事”的一项重要内容，所以进入民国以后，村里男子都剃光头，小儿多留“马鬃”，即在头顶前中部囟门处留一片长发，至 10 岁左右才剃掉，此风延至解放后十余年。也有在城里的青年人留着新型发型，如平头、分头、背头，当初村人也看不惯，称其为“留洋楼”。妇女在婚前脑后留一长辫，婚后“上头”在脑后梳一“攥子”直挺翘起，大多数是梳“圆头”，即在脑后梳发髻带络儿插银簪儿。

解放以后，男子仍为光头，年轻人有留平头、分头、背头者。中老年妇女仍梳圆头，年轻女子无论婚否留短头，俗称“帽盖儿”，之后青年女子留双辫者多。80 年代以后，受城市影响发型多样，男青年有留长发，女人则留短发，多有烫发、染发者。

解放前，男人三五十岁即留胡须，一般留上胡髭，60 岁以后即留下胡髭，如“山羊胡子”。解放后只有老年人蓄胡子，后来，基本没人留胡子了。但 80 年代后一段时间里有青年人留长发留小胡须，现今已很少见了。

民国时期头冠，常见有礼帽、瓜皮瓢帽和毡帽，富人常戴礼帽或瓢帽，穷人冬天多戴毡帽，只有老者戴瓢帽，农民在地里劳作多挽一毛巾于头上。解放后毛巾换成羊肚毛巾，帽子多为解放帽，冬天流行火车头帽。80 年代以后，挽毛巾者少了，帽子样式也多了如鸭舌帽、软沿礼帽等，已不见火车头帽了。

衣服 解放前，富人穿长袍，穷人则穿“短衣裳”，夏天对襟单衫、大裆单裤，冬天偏襟大棉袄、大裆棉裤，一般不穿内衣。解放后再无袍子马褂之类，人们开始穿中山装、干部服（俗称八大块），裤子改成“西式裤”（有裤兜，前开口），同时内穿背心、秋衣、绒衣、毛衣等。布料也由农家土布，改为洋布、哔叽、咔叽，以后又有化纤的的确良，迪卡等。80 年代以后，衣服式样增多，西服、夹克进入农家，紧身裤、喇叭裤都成流行时尚，女人穿上裙子、连衣裙等。已经没有人自己织土布做衣服了，城乡差别逐渐缩小。

鞋袜 解放前男人穿圆口鞋，尖口鞋，女人穿小脚鞋或圆口鞋，均为自家土布所做。解放后有了方口鞋，布料由土布逐渐变成灯芯绒、华达尼等。后来有了皮底鞋，60 年代以后塑料底鞋、反毛皮鞋曾盛行。80 年代以后都穿上了凉鞋、皮鞋、运动鞋、妇女穿上凉鞋、高跟鞋、皮靴子等，式样不断翻新，不但要求结实耐穿，而且讲究美观大方。

解放前人们都穿布袜子，解放前后用手摇袜机打的棉线袜子，但都要再上一个自己纳的袜底才耐穿。之后都买洋袜子，尼龙袜子、丝袜子更加耐穿。女人则穿长腿袜、连裤袜等。

饮食

食制 农忙季节一日三餐，冬闲昼短一日两餐。一日三餐为晨五点钟起床即下地干活，家境好者冲个鸡蛋泡馍或窝头吃，或有年轻人拿个馍（或窝头）边走边吃去上工。干到 9 点左右，吃早饭（俗称“早歇饭”），在家多为蒸馍、窝头、红薯，炒菜或馏酸菜，或辣椒、咸菜，喝米汤或玉米面糊糊，乔李的农田较远，生产队经常送饭到地头，早起上工时专留一人（或让生产队保管员）送饭。9 时许，各家将馍或窝头包一袋，将米汤倒入桶内，冬天为保温，生产队熬一桶玉米面糊糊。各家只拿馍馍，在地头吃饭，节约时间多干活。中午 1 点以后下工回家吃饭，（俗称“晌午饭”），一般吃面条、抿咀儿、多为“干面”（即炒面或浇菜调面）或汆汤面（即将面条或抿咀儿煮好将炒好的菜汆入锅内）。下午 3 时许去上工，天黑回家吃晚饭（乔李人晚饭叫“喝汤”，其实并不是只喝汤），大多是汤面，或蒸馍等。冬季天亮得迟，天亮去上工，10 时许才吃早饭，生产队变冬闲为冬忙，平整土地，积肥沤肥之类，往往也送饭（乔李人送饭是出了名的，人说一年有十个月送饭，外村有的女儿不愿嫁乔李的原因就是嫌长年在地头吃饭）。早饭后干活一直到下午三四点钟才下工，回到家吃过午饭已天黑了，就不再吃晚饭。

到 80 年代，学校的作息时间随城里一样一天两到校，学生清早起来吃过早饭才去上学。因大多数家庭都有孩子上学，村里也随之改变，清早吃过早饭才上工，中午下工回来还得为学生做饭，这样与学校一致起来，改成一日三餐两上工。

食材 粮食类：白面（小麦面粉）、玉米面、高粱面、小米、黍米、豆类（绿豆、黄豆、红豆、豌豆、豇豆等）、红薯等均为自产，大米则为购买。

肉食副食类：猪肉、羊肉、牛肉、鸡、鸡蛋，鱼则需从外购买。豆腐、粉条、粉皮可自制，后来村里有豆腐坊、粉坊购买方便。还有蘑菇、金针、海带、豆芽、腐竹、豆腐干等。

蔬菜类：白菜、白萝卜、胡萝卜、芥菜、蔓菁、西葫芦、南瓜、黄瓜、菜瓜、苦瓜、豆角、茄子、苤蓝、辣椒、芹菜、大葱、韭菜、蒜、蒜薹、菠菜、芫荽等，民国时期人们开始种植西红柿、茴子白、洋葱，解放后才开始种菜花。秋后村人用芥菜、蔓菁、白菜等做酸菜，腌咸菜，以备冬春食用。90 年代，乔李村大量种植韭菜，成为远近闻名的“韭菜之乡”。并发展日光温室，种植大棚蔬菜，一年四季均有新鲜蔬菜。

野菜类：从前野菜也是人们经常食用的菜蔬，现今成为尝鲜的品种，主要有灰条、扫帚苗、马齿、人罕、荠菜、甜苣、苦苣、白蒿、小蒜、槐花、榆钱等，苜蓿是人工种植的饲草，但经常是人们的美食，尤其遇到荒年既是好菜也可做辅粮。

食品 蒸制类：馍（白面馒头），花卷、窝窝（玉米面窝头）、糕（玉米面发糕，有人称糖糕）、二面馍（白面和玉面混合，俗称“两掺馍”）、死面窝头（俗称“狗脊料”）、死面卷儿、糜黍面窝窝、菜窝窝、菜团子、高粱面窝窝、包子、豆包、菜蛇、箍栏子（即玉米面包子，团成圆形）、馉垒（把白面、玉面与苜蓿或扫帚苗等菜拌成松散而干湿适度拌食）、蒸米饭（大米、小米，又分为蒸饭和捞饭）、蒸饭（软黍米和红枣蒸制，在春节特色食品中已介绍）等。

煮制类：主要是面条（俗称“旗子”）有白面、杂面（小麦、绿豆、玉米混磨成的面）、裹皮面（用白面包玉米面或高粱面而擀成），用白面做的还有撅片、拉条子、饸饹、掐疙瘩、猫耳朵、刀削面、拨鱼（又叫滴鱼或剔尖）等，用玉米面做的抿咀儿（又叫抿圪蚪）、擦圪蚪，这些面食煮好后可肉炒、素炒，可调菜（都称为“干面”），可浇汤（称汤面、臊子面），可汆入炒菜调料（称连锅面、汆锅面）。还有煮在稀米汤中的白面煮拍拍（又称“狗舌头”）、玉米面煮拍拍等。包馅煮食的饺子、馄饨、元宵等。另外，小米粥、大米稀饭、玉米糁粥、玉米面糊糊、油茶（炒面煮制）、拌汤、瓜菜稀饭、和子饭等。

煎烤类：或称烙烤类，主要有饼子（俗称火烧或烧饼）、发面饼（厚暄）、葱花饼（烫面饼）、馅儿饼、饽馍馍（大型饼，如鏊子一般大且厚，烙熟切成小块，也叫“锅盔”）、摊馍馍（可卷成春卷，也可单食，在添仓节特色食品中也介绍）、玉米面饼（俗称棒子面拍拍或棒子面焰焰）、合子（菜合儿）、煎饼。

油炸类：春节所做糕儿馍、枣花馍、麻托、油馍、油饼（俗称油卷子）、油条、麻花、馓子、油糕等。

筵席

村里喜事的筵席分为“行席”和“客席”，“行席”是宴请乡党和亲戚朋友的，一般十几桌甚至几十桌，“客席”是为新媳妇（或新女婿）的伴娘（或伴郎）及娘家人、介绍人准备的，只两三桌。“行席”一般为“十二器”，或“十全席”，“客席”为“重八席”或“六六席”。

重八席 又叫八八席（即八大碗八小碗），预先上好四干（果），四鲜（果）、四冷烩（拼盘凉菜），还要“撒围饯”（四个点心、蜜饯之类），宾客上座后，开始上菜，先上一大碗，接着分别上两个小碗，这样上四轮，共四个大碗八个小碗，上第三碗时即将第一碗撤下，使桌上只留两碗。最后分次上四个大碗，要全部留在桌上，谓之“四碗坐菜”，其间不断劝酒，上四个坐菜时才上花卷作为主食。凡客席（重八席和六六席）菜肴中必须有海参、鱿鱼等，这在旧时是十分高档佳肴了。

六六席 如重八席预先上好四干（果）、四鲜（果）、四冷烩（拼盘）一般不“撒围饯”。宾客上座后，开始上菜，先上一大碗，接着分次上三个小碗，上两轮，共两大碗六小碗，也是从第三碗时撤下第一碗，使桌上只留两个碗，最后分次上四个大碗，谓

“四碗坐菜”，全部留在桌上，同样开始上“坐菜”时上花卷作为主食。

十二器席　又称“四碟八碗”。是“行席”中较为高档的席，先上四个盘子（碟子）再依次上八个大碗，可一次上两道菜，四个盘不往下撤，碗菜要下撤，最后也留四碗坐菜。

十全席　即四碟六碗，共十道菜。

在丧事中一般也上“十二器”或“十全席”，如遇家境困难户，有时就上九碗菜或七碗菜，或是一大锅烩菜，每人一碗，吃亲戚行礼的馒首或油卷。

80年代以后乔李村文明理事会改革筵席，提倡节俭办事，不再搞重八席或六六席，有的上十六个盘子，相当于重八席，或上十二个盘子，相当于六六席。2010年以后，文明理事会规定喜事只上十道菜（十个盘子）最多不能突破十二道菜。丧事规定每顿都是一碗烩菜，只在出殡当日可上十道菜。虽然数量有规定，但质量却无法统一，如今经济富裕了，即使十道菜，都上鸡、鱼、红烧肘子、鱿鱼汤等，喜事也要上海参之类。

另外，上席礼仪也很讲究，特别是婚嫁中客席，都有专人“立席”（即像大饭店中服务员）执盘者端来菜后，“立席”者双手端上桌放好，然后将原先的一碗撤下，放于盘内，让执盘者端走，如此等等，甚是隆重。

有些地方最后一道菜上丸子汤，意思是菜上完了，就要撤席了。乔李是绝对不可上丸子，说最后上丸子叫“滚蛋”。

◉ 民间信仰

从前，乔李村作为传统农业社会，村里并无人明确皈依某一宗教，只有极少数人笃信佛教，成为“居士”，敬佛吃斋（素食），村民称其为“善人”，说他信佛是“行善”。但他们和其他村民一样种田谋生。并且在解放后逐渐消失。到80年代以后，基督教传入，也有少数人入教。

天地崇拜　自古以来，人们敬重天地，做事不违天理。家家正房墙正面留有供奉天地的神龛。每逢春节前，家家在院子正中设置供奉天地爷的神坛——放一张桌子，系上桌裙，立上竹枝和柏枝，旁边放一大块煤炭，桌上供天地牌位（许多人家都有半米高的大牌位，上刻“敬奉天地三界十方万灵真宰之神主”）前设香炉、蜡扦，特别献上七层或九层的糕儿馍，像一个小塔一样，上面插着佛手（也是白面蒸制的）。正月初一至十五，上香敬神时首先从天地爷敬起，表达了人们对天地至高无上的敬畏与崇拜。

神鬼崇拜 乔李村在民国之前有众多的神庙，人们赋予众神有不同管辖职权。如财神庙保佑人们聚集财富、关帝庙（又称武庙、关老爷庙）保佑平安、文庙（孔子庙）保佑童子科举高中、龙王庙保佑风调雨顺（在乔李主要是多下雨）、娘娘庙（实为观音庙）保佑多生子女（尤其是多生儿子）、玉皇庙管理诸神为民造福、柏王庙管理庄稼免受虫害、土地庙管理土地及民间闲杂事务、马王庙（或牛王庙）保佑家畜槽头兴旺等。

在农户家中主要敬奉的神有：财神（神龛在正房正墙外或厅房门后旮旯中）、土地爷（神龛在院门内墙上）、灶君爷（神龛在灶台一侧墙上）、马王爷（神龛在牲口圈的墙上）、门神（贴在门上）。另外，如上述“天地爷”只在春节期间供奉，节过后即撤去“神坛”。各行各业还有自己职业所敬的“先祖”“先师”等神灵。有些人家还敬自己的神灵，如称“仙家爷爷”，或敬佛祖保佑自家人和平安康等。春节期间是敬奉神灵的主要时段，平时则各有时段，如腊月二十三敬灶君，有些人家对自家所敬“仙家”、佛祖是格外虔诚，每月初一、十五都要上香。

另外，人们对鬼的敬畏毋宁说是惧怕的，中国人自古以来认为人死后灵魂不散而变成鬼，而神很少鬼很多，神主要是保佑人当然也惩恶。而鬼时时处处都会存在，都会让人感到毛骨悚然。几千年来，用鬼的形象来教育人，震慑人多行善事，别做恶事。

到了近代，经过多年破除迷信教育，已很大程度上破除了对神鬼的迷信，连老年人也说“神鬼之事信则有不信则无”，或说“神鬼之事信一半不信一半”。到了如今年轻人，即使春节期间敬奉神灵的人也越来越少了。

自然崇拜 人们的自然崇拜是多方面的，一是对日月星辰的敬畏称太阳为爷爷，中秋节敬献月亮，称月亮为月儿爷，祈求吉星高照，给孩子起个星宿名称等。二是对风雨雷电的敬畏，祈求雷公风婆和龙王爷保佑风调雨顺五谷丰登。三是山川河井，祈求山神、河神甚至井神保佑人们稼穑出行一切平安。四是巨石古树，大凡大而老的事物都是值得尊崇的，人们在直冲道路的建筑上刻一“泰山石敢当”以阻挡直冲的“煞气”；结婚时要将沿路巨石上贴红纸；有人将初生儿“记”在石头上、大树上，以求孩子平安成长。

另外，人们迷信风水堪舆之术，凡建房屋、安茔地都要请风水先生来下罗盘觅风水宝地。

文化崇拜 长期受儒家思想影响，尊敬文化人在老百姓心中根深蒂固。乔李从前在村南印台岗上建有规模宏大的文庙，每年孔子生辰，都要唱戏逢会，蒙童、文人都要前去祭祀，凡考中一名秀才都要手植一棵柏树，那也是一种荣耀。对文化的崇拜表现在各个方面，即使目不识丁的农民也喜欢在自家大门的匾额上刻着“耕读传家”；稍有文化的人在路上捡到字纸都要塞到墙上砖缝中以示珍惜；自古以来对教师的尊敬已成习惯。到了近世，家家重视子女教育，认为只有读书才能跳出“农”门，改变自己和家庭的命运。父母不辞辛劳，倾其所有供子女读书的事比比皆是。谁家孩子考上大学，邻里亲戚都来祝贺，村里也开会表彰奖励。

英模崇拜 乔李村人对历史上的仁人志士、民族英雄，对当代的领袖元勋、英雄模范充满敬仰之情，对本村革命先烈杰出人物更有着深切的铭记与怀念。如民国初期的村长为村里建学堂、建戏台，大家代代相传记着他。日本侵占时期的村长为保护村人办过好事，大家也都记着他。村里带头送子参军的老模范老烈属、村里合作化时期的老社长、几十年来为村集体做出重大贡献的老书记，包括长期在村里任教的老校长、老教师，村里人都记着他们的功绩，敬仰他们的人品，善待他们的后人。

◉ 新风美德

热爱国家，热爱集体 在农业集体化年代，乔李村是先进典型，曾经为国家做出很大贡献，曾连续两年交售爱国粮小麦 50 万千克，是国家征购任务的五倍。实行家庭联产承包责任制以后，又曾三年交售 50 万千克，并且为省里重点工程引黄入晋万家寨水利枢纽工程捐粮捐款总计 20 多万元。进入 21 世纪，国家取消了粮食征购，不再向农民征粮，同时还给农民种粮补助，这更加激发了群众爱国家、爱集体的热情。2009 年至 2014 年，国家在乔李村北扩建临汾乔李机场，征用全村土地 1500 多亩，涉及全村 60% 农户，没有一家出难题，没有一个钉子户，大家都全心全意支援国家现代化建设。集体的路、集体的树，全靠大家爱护，集体经济、集体利益不允许任何人去损害，同时，教育人家珍惜集体的荣誉，以做乔李人为光荣，自觉维护乔李这一老先进的声誉和形象。

遵纪守法，移风易俗 一是经常宣传法律知识，每年都要请司法部门的同志到村里搞法律讲座，在群众中深入开展普法教育，使法制观念深入人心。二是以“村规民约”为核心，制订各种制度规定，用制度、法规来规范群众的行动，做到事事有规矩，人人守规矩。三是建立“三会”，即负责社会治安综合治理的“治保会”，调解民事纠纷的

“民调会”，办理红白喜事的文明理事会，把群众的事都管起来，把问题解决在萌芽阶段，把矛盾解决在基层。四是持续开展“刹三风，评三好，争三户”活动，即大刹赌博风、婚丧嫁娶大操大办敛财收礼铺张浪费风、封建迷信风，争当遵纪守法光荣户、双文明户、“五好家庭”，通过这些活动，刹住歪风邪气，铲除封建陋习，继承传统美德，弘扬新风正气，全村坚持红白喜事不动鼓乐，殡葬不占耕地，做到“六无”，即无赌博酗酒的、无吸毒染毒的、无偷摸拐骗的、无打架斗殴的、无搞封建迷信活动的、无上访告状的，形成了遵纪守法，文明礼貌的良好社会风气。

敬老爱幼，团结和睦 乔李村 80 年代起对离职 60 岁以上老干部实行退休金制度，凡从土改到合作化以来的担任过十年以上干部的包括生产队正副队长、会计、保管、妇女队长、民兵队长、贫协组长等老同志，按担任干部年限发退休金。给老党员发祝寿金。凡 70 岁以上老人每年发 200 元生活补助。在全村形成尊老敬老的风气。

多年来，持续开展创建文明家庭活动，倡导孝敬父母、爱护儿童，夫妇互敬互爱邻里团结和睦，助人为乐，使每个人都修个人品德，守家庭美德，讲职业道德，树社会公德，每年评一次文明家庭，开大会表彰，树立典型号召大家学习。

扶危济困，共同致富 实行家庭联产承包责任制以后，少数经济能力差的户，一些缺劳少畜的户，逐渐与富起来的户拉开距离，还有一些鳏寡孤独、老弱病残户，遭遇灾祸户生产生活遇到困难。乔李党总支一致认识到，鼓励一部分人先富起来，但绝不能忘了贫困户，更不能嫌贫爱富，小康路上不能落下一户，要看到平均数下掩盖的贫困户。

党员和干部开展了帮贫包户活动。120 多个党员干部，包了 80 多户，有的一人包一户，有的两人包一户，使每个困难户都对脱贫致富有了信心，感受了党的温暖。

青年和民兵组成“帮战友”小组，帮助军、烈属种好责任田，解决生活中的具体困难。村里对烈属实行优厚的生活补助。

安排困难户的劳力和复员军人到村办企业工作，或帮助他们开辟致富门路，致富路上不能让一户掉队。

在国家实行低保制度前，村里把 7 户五保户生活全部包下来，按月供给粮油及生活费，一年两次发给衣服，保证他们的生活。对两户六个孤儿，由集体全部抚养成人，长大后安排他们到村办企业工作，并帮助他们成家立业。先后帮助 12 户盖起新房。针对困难户的具体问题帮助解决，村民田德，因患脉管炎先后截去双腿，村里给负担全部医疗费用，还无偿租给他一间门店，帮他贷款开起小卖部，使其生活有了保障。

帮困难户建新房

尊师重教，兴学育人 乔李村现有幼儿园、小学、初中三级学校，共有教师 80 余人，全村从 30 多年前就已普及了初中教育。从 20 世纪 60 年代到 21 世纪初，学校经费主要由村里负担，乔李村党支部、村委会历来重视教育事业，70 年代建成 32 个教室和 46 间教师办公室和宿舍（平房）。90 年代先后建成 2400 多平方米的小学教学楼和 1800 多平方米的初中教学楼，全部安装了暖气，并配套建成图书室、实验室、资料室、电脑室等。从 1985 年起，给在乔李任教的教师每人上调一级工资，并设立乔李教龄工资，给教师集资建设 30 套住宅楼，水暖电气全部配套。对教师生活福利多方照顾，解除他们的后顾之忧，激发了教师责任心，增强了吸引力，稳定了教师队伍。

教育全体村民重视子女教育，鼓励学生刻苦学习，立志成才，村里每年教师节召开大会，表彰优秀教师和三好学生，同时对当年考入大中专的学生奖励 2000 元，给家长颁发“育子成才”光荣匾，对家庭困难的学生给予额外补助。自 1977 年以来全村有 440 多农家子弟考入大中专学校，有 12 人赴海外留学，有 60 多人获硕士、博士学位。在全村形成浓厚的尊师重教的社会风气。

相信科学，学习技术 乔李村是山西省农科院确定的全省第一个农业技术综合开发试点村，随着农科院专家进村后的具体指导，在短期内科学技术显示出巨大的威力，粮棉产量提高，果树优质增产；大棚蔬菜技术的开发，使广大群众切切实实地看到科技第一生产力的显著成效，从而激发大家学习科学技术和积极性。村里成立了五个专业科技协会，每次组织专家讲课，许多村民踊跃参加，主动到搞得好的农户参观学习，互相探讨。全村涌现出一批“科技迷”“土专家”。重视科技，学习技术在全村蔚然成风。

◉ 农谚方言

气象

霍山戴帽，平地一道儿。（北面霍山上山顶有云，乔李一带就要下雨）

云去东，刮股风，云去西，泊池溢，云去南，滴了檐，云去北，漫河谷。

有钱难买五月旱，六月里连雨吃饱饭。

春雾淋，夏雾旱，秋雾连雨东雾暖。

一场秋雨一场寒，三场秋雨穿上棉。

蚂蚁搬家蛇过道，大雨不等就来到。

东虹萝卜西虹菜，起了南虹遭水灾。

入伏先入伏，数九先数九，伏里有一九,九里有一伏。

知伏来不知伏去。

十月里天，碗里转。麻利媳妇一天能做三顿饭。

长不过五月，短不过十月，明不过八月，黑不过腊月。

瓦片云，晒死人。

黑云吓老婆，白云下雨多。

六月东风刮干海，三日东风不由天。（六月刮东风不下雨，但连刮三日就要下雨）

三九四九不刹河，婆婆子老汉子不得活。（冬暖春寒老年人易生病死亡）

农事

深犁沟，臭气粪，它不长，我不信。

麦熟一晌，蚕老一时。

伏里有雨多种麦。

麦种泥窝窝，来年定吃白馍馍。

稠谷稀麦坑死人。

椿骨朵努咀儿，棉花籽入土儿。

立夏种棉花，到老没疙瘩（不结棉桃）。

麻三、谷四、菜籽一宿。（说麻三天发芽，谷子四天发芽，油菜、白菜籽发芽只需一晚上）

蓖麻三圪朵，顶住种田禾。

要发家，就种棉花和芝麻。

立秋不带耙，误了来年夏。（秋耕后即耙耱保墒，伏雨春用）

居家

栽桐树，喂母猪，三年过来是富户。

吃不穷，穿不穷，计划不到穷了人。

若要发，买卖加庄稼。

干下的精神，坐下的痨疾。

井闲不溢，人闲没力。

一子顶乾坤，猪多拱墙根。

娃娃看小着，媳妇看来着。

三十年前看父敬子，三十年后看子敬父。

男娃儿（成才）要费千张纸，女娃儿（学活）要费千条线。

粮从瓮口省，钱当没时花。

过光景不得不省，有事情不得不费。

饱了肉也嫌，饥了糠也甜。

满堂的儿女不如半世的夫妻。

嫁一女儿一门亲，娶一媳妇十门亲。

挨上勤谨的没懒的，挨上吃嘴子没攒的。

男人（丈夫）有，要伸手；儿女有，要开口；爹有娘有，不如自己有。

男人是个耙耙，女人是个匣匣；不怕耙耙没齿，就怕匣匣没底。

修身

担得越重，走得越快。管事越早，懂事越早。

宁吃过头饭，不说过头话。

好事不瞒人，瞒人没好事。

树挪死，人挪活。

打得痛，记得准。

打死的是会拳的，淹死的是会水的。

为人不做亏心事，半夜敲门心不惊。

有志不在年高，无志枉活百年。

嘴里有牙吃饭哩，肚子里有牙吃人哩。

处世

好人护三村，好狗护三邻。

宁跟英雄好汉拉马提镫，不跟怂囊鬼定智作谋。

人是旧的好，东西是新的好。

谷怕老来旱，人怕老来穷。

遇事寻吃亏，得理让三分。

出门三辈小，不叫姊子就叫嫂；多叫一声哥，少上一个坡。

低借高还，再借不难。

只有上不去的天，没有过不去的山。

吃人家的嘴软，拿人家的手短。

打死人要偿命，哄死人不偿命。

我敬人一尺，人敬我一丈。

人心换人心，八两换半斤。（从前用秤 16 两为一斤）

害人之心不可有，防人之心不可无。

退一步天高地阔，让三分心平气和。

能两面看无不平，退一步想有余乐。

要想公道，打个颠倒。

新农谚

高处站，远处看，大处想，实处干。

能吃苦，能受气，遇事有个老主意。

不怕不成功，就怕不下功，只要下了功，一定能成功。

有德没才干不成事，有才没德干坏事，德是才的前提，才是德的翅膀，德才兼备才是好干部。

提倡：自力更生，廉洁奉公，与群众同舟共济，风里来，雨里去；

反对：一怕吃苦，二怕沾土，贪污腐化，胡来加赌。

见人说人话，见鬼说鬼话，人鬼一见面，他就说胡话。

知人知面不知心，知水知海不知深，知心人说了知心话，知心心害了知心人。

权力是有时间性的，金钱是有局限性的，只有友谊是永久性的。

赶车要有个好辕骡，过光景要有个好婆娘，

唱戏要有个好嗓子，担担子要有个好膀子，开砖瓦窑要有个好场子。

白天看不见太阳，晚上看不见月亮，远处看不见灯光，小雨淋不湿衣裳，走一步“十块钱”的“露天银行”。（说林业）

地平如镜，垅直如线，土细如面。（说整地）

超挖回填，阳土上翻，土层不乱，当年增产。（说深翻土地）

干晴天，战阴天，刮风下雨当好天，黑夜当白天，一天顶两天。（学大寨时口号）

十冬腊月不收兵，天寒地冻拿炮轰，腊月三十人不散，吃过饺子接着干。（学大寨时平田整地）

要想富，少生孩子多栽树。

百年大计，教育第一。

知识改变命运，努力就有机会，教育造就未来。

富不读书暂时富，穷不读书永远穷。

不比吃，不比穿，比比谁家出“大专”。

说到嘴上，写到纸上。贴到墙上，全是空的。

从前：村大人多心不齐，要想搞好不容易。现在：村大人多力量大，年年有个新变化。（70 年代）

越等志越短，越靠人越懒，越要人越散，不等不靠不要，自力更生啥都有。

向后看，有成绩，左右看，还可以，向前看，不着急，看着，看着，滑了坡，一滑再滑滑到底！（说反骄破满）

上过书，登过报，放过电视拍过照，地区出了名，省里挂了号，

上下都高兴，大家都骄傲，这样下去，走不出多远就摔跤。（说反骄破满）

春天指标宏伟，夏天长势喜人，秋天丰收在望，冬天一落千丈。

大事勤商量，小事不计较，遇事让三分，背后不议论，班子是关键，团结最重要。

吃好点，穿烂点，是非地方跑慢点，把这世事看淡点。

胆量大，心胸宽，话少说，活多干。

发动大家出点子，自力更生铺摊子，依靠政策开绿灯，促进乔李大发展。

一不登报，二不通报，领导不叫，也不汇报，埋下头来，踏踏实实，干咱们自己这

一套，干出名堂来再让他瞧。

犁出阴土，冻成酥土，晒成阳土，耙成绒土，施上肥土，种在墒土，锄成暗土，养成油土。（说整地）

走路慢慢的，说话低低的，遇事皮皮的，想得多多的。

方言

乔李方言属北方话中原官话区汾河小片临汾小区，从大范围上讲它与中原腹地（河南北部、陕西中部）语言相近，而与山西中北部（晋语区）语言差别较大。从小范围上讲，乔李地处临汾市区（尧都区）与洪洞县交界处，常受两边影响，洪洞人听乔李人说话，知其为临汾人，而临汾城区人听乔李人说话，往往误认为是洪洞人。乔李方言的特点主要有以下几点。

一是保留了不少文字的古音韵。自宋金以来中国人写近体诗新叶的韵——平水韵，即是在平水（今临汾一带）确定并刊行的，所以临汾话中许多字音与普通话不同却符合平水韵，如下表示：

乔李方言中与普通话不同却符合平水韵例字表

表 12

	斜	来	开	外	车
普通话	xié	lái	kāi	wài	chē
乔李方言	xiā	léi	kēi	wèi	chā

二是乔李方言（临汾方言）比普通话汉语拼音多 5 个声母，即：卓、戳、入、额、妮等字是声母。在汉语拼音字母表中有“v”是用拼读外来语和方言的，即“入”的声母，拼读为 v ū 。在民国时期确定的“注音字母”，在解放初期农村扫除文盲学习文化运动中曾发挥了重要作用，注音字母中的“万”即拼音方案中的“v”，注音字母中的“兀、广”，即临汾方言中“额、妮”二字的声母。还有“桌、戳”二字的声母无法表示。

三是乔李一带方言（包括附近十几个乡镇）中，把韵母“an、en”，误成“ai、ei”，如“盘子、碗”读作“p ā i z ī 、w ǎ i”常与“筷子”（kuai zi）连起来。

四是乔李方言与普通话比较，许多字音发生音变，但大体有规律可循，比较见下表：

声母变音的字词一览表

表 13

声母	例词	普通话	方言
b 变 p	拔草	bá cǎo	pá cǎo
	波浪	bō làng	pō làng
d 变 t	地	dì	tì
	肚子	dù zī	tù zī
j 变 q	舅舅	jìu jìu	qìu qìu
	圈	juàn	quàn
z 变 c	杂	zá	cá
	坐	zuò	cuò
y 变 n（或 ni）	牙齿	yá chǐ	niá chǐ
	阴天	yīn tiān	nīn tiān
sh 变 f	书	shū	fū
	刷	shā	fuā
zh 变 ch	赵	zhào	chāo
	柱	zhù	chù
ch 变 sh	锄	chú	shóu
	柴	chái	shán
w、r 变 v（v 为拼音方案中专拼外来语和方言的声母）	文化	wén huà	vén huà
	万	wàn	vàn
	茹	rú	vú
	仍然	réng rán	véng rán

声母变音的字词一览表

表 14

韵母	例词	普通话	方言
e 变 o	哥	gē	gō
	学	xué	xuó
e 变 a	爷	yé	yá
	借	jiè	jià
ai 变 e	麦	mài	mē
	窄	zhǎi	zhē
ei 变 i	眉	méi	mí
	碑	bēi	bī
ang 变 o	上	shàng	shò
	长	chàng	chó
eng 变 e（或 en）	冷	lěng	lě
	疼	téng	tén

续表 14

韵母	例词	普通话	方言
ong 变 un	桶	tǒng	tǔn
	东	dǒng	dūn

语言随时代发展而进化，解放以后，乔李方言已经发生了很大的变化，随着人们文化素质的提高，现在的青年人基本上说的都是普通话，即使与村里老一辈交流，说的大多是城里的“官话”。村里人说话与解放初期相比也有非常大的变化，“土话”在逐渐消亡，方言在逐渐演进，这是农村文化提高社会进步的必然现象。

◉ 市声四则

这里所录四则市声均为 50 年代乔李集市贸易场上所流行的。

卖钢针歌

大哥大叔你先别走，婶子大嫂你这里瞅。
等我把钢针封子拆，你看这钢针好成色。

打开一包亮晶晶，打开两包像星星。
打开三包明晃晃，打开四包像月亮。
打开五包放光明，咱的钢针最有名。

纳底针，包五根，二号针，一十根，
三号针，十五根，四号针，二十根，
五号针，二十五根。
从南京，到北京，二十五根是一封。
包一包，又一包，包包里头是钢条。

冬做棉，夏做单，二八月里夹袄穿，

五黄六月做单衫。
做大衫，做小衫，再做马褂和坎肩。
做啥都离不了小钢针，
听我把钢针的用处表一番。

纳底针，最光亮，好比中国共产党。
能打仗，能吃苦，还能开荒种地土。
二号针，是良将，好比刘伯承过长江。
过长江，真有名，一下收复了三十二座城。
三号针，三月三,三月里，春耕到，
加紧生产种禾苗。
毛主席，领导好，领导穷人翻身了。
四号针，尖又尖，青年参军最当先。
门上挂的光荣匾，不打退顽固军不回还。
五号针，五端阳，来了救星共产党。
地主恶霸要斗倒，分田分地最紧要。
过去你们剥削人，现在看你哪里逃！

国家大事都表过，再把钢针用处说。
纳底针，用处多，订鞋纳底都用着。
尖对尖，关对关，好比吕布对貂蝉。
二号针，用处多，缝棉袄，缝被窝。
顶溜溜，当唧唧，西地里赵匡胤送京娘。
三号针，用处多，曲挖脸，钉扣门。
三进士出在帽儿刘村，人到贫寒见真心。
婶子大嫂肯做活，用使还是三号针，
两头细，当中粗，使着光，拔着利。
四号针，用处多，能大能小都用着。
请一请，让一让，三请茅庐诸葛亮，

诸葛亮，借东风，火烧战船百万兵。
五号针，小更小，姑娘小姐离不了。
扎一条龙来绣一只凤，再绣个老鼠会打洞。
鼓乐响，喇叭吹，绣一个老鼠来娶亲。

买的买来捎的捎，两毛钱买一大包。
买一包，送一包，一包一包又一包。
大哥大叔包回家，大包小包给婆娘。
婆娘一见心喜欢，干面汤面端上来。
脸上喜，心里甜，亲亲热热过一晚。
心里甜，感情深，相亲相爱过一辈。
感情深，过一辈，看你家庭多和美。

卖调化面歌

今日来到临汾之地，专卖咱这调化面儿——
苏州置货杭州卖，不图挣钱只图快。
少不哄，老不埋，公公道道一块钱。

小小胡椒圆又圆，出在江苏和湖南。
打上包，杀上背，一下装到舟舱内，
不是我胡椒卖得贵，一道关口一道税。
山又高来路又远，来来回回花盘缠。
你看这大料尖又尖，出到云贵带四川。
大车推，小车拉，飘江过海到中原。
小小花椒红又红，山西河南通有名。
要问花椒哪里货？出到陕西在韩城。
韩城有座花椒山，车子不能推，
担子不能担，一包一包背下山。
要门面，有三间，又坐北，又朝南，

买我的调料真是个全。
大茴香，小茴香，大小茴香都掌上，
有荜拨，有良姜，砂仁豆蔻都掌上。
炒白菜，烹肉丝，掌到锅里好味气。
小磨子，圆又圆，称上二两吃半年。
称一两，又一两，两两搁在秤盘上。
包得好，裹得好，走到路上散不了。
裹得结实拿得严，走到路上不麻烦。
虽说不是无价宝，家家户户离不了。

猪肉香，羊肉香，离了调化面可不香。
走走东，往往西，东西都是一样的。
卖好货，走四海，卖赖货一去不回来。
年年来，回回到，年年腊月走一遭。
你要买，我要卖，买卖不成仁义在。
添一点，数在外，打价还价我不卖。

称一两，包十钱，东西南北都走遍。
南里收了往南走，北里收了往北行。
东西两山都不收，黄河岸边度春秋。

一两一两拿秤称，听我表表四大京。
往南我卖到南京地，往东我卖到东海洋。
往北卖到雁门关，往西卖到老嘴山。
东西南北都卖遍，这才来到临汾县。
……

卖膏药歌

翻穿皮袄戴凉搭（帽），卖膏药的还是咱。

下峪里，过王庄，过了金殿到泊庄。
泊庄人，实实苦，推着推车去推土。
一下子推到鼓楼十字里，围着鼓楼转圈哩。

平阳府里大鼓楼，半截子盖到天里头。
徐向前，真能行，指挥大军包围了临汾城。
城里有个梁培璜，他妄想把解放军来抵抗。
解放军，强中强，挖地道，炸城墙。
梁培璜，心发慌，下命令把鼓楼顶子拆了个光。
拆得剩下个底座子，他想逃跑也没法子。
解放军真有两下子，梁培璜当了俘虏装“袜子”。（当地把很窝囊的人蔑视地称作“袜子”）

从鼓楼，四下里看，当中里高，圆圈低。
往北看，是七里坡，七里坡有个兔娃子窝。
兔娃子窝，伸手摸，一下摸了个死娃脚。
死娃脚，熬膏药，我把这熬膏药说一说。

出北门，下北坡，过了坂下到高河。
百姓们，同张罗，他听我老汉熬膏药。
熬膏药，实啰唆，木炭岚炭用得多，
还得一口尺八锅。
用水还得一担多，这才把材料往里头搁。
这膏药，实难熬，里头撩的死娃瓢。
这膏药，难熬得多，里头撩的小娃脚。
簸箕虫，蝎子娘，蟋蟀、蹦蹦（蝗虫）腿儿长得长。
蛤蚌生的一搭里合，蚰蜒、蝎虎子不得活。
老虎骨头还得拿挫挫，挫成末儿往里头搁。
鸡儿吼，鸱怪子叫，这才把膏药熬了个到。

蛇的骨头蛤蟆（青蛙）毛，这才把膏药熬成了。
咱的膏药最能行，招子贴到北京城。
有心把膏药送给人，不知人家头脑疼不疼。
……
呆不来呆衣呆呆，咱的花鼓也不错，
还有竹马闹红火……

卖刨梳歌

卖钢针来看针背，卖骡马来看蹄腿，
买我的刨梳儿看篦子，又尖又薄嘎巴脆。
划一下，像弹琴，拉一下，一道缝。
一个老汉九十九，没见过刨梳梳木头。
一个老汉七十七，没见过刨梳儿锯皮条。
走过京，闯过卫，赶过三年定州会。
从河北，下河南，山东山西都走遍。
你别看刨梳不金贵，咱的刨梳路子宽。
你别说刨梳没什么，老的小的都用着。
谁家婆娘家不梳洗，谁家姑娘家不打扮。
婆娘家头发梳得光，新媳妇梳得更俊样。
姑娘家买下先收起，改明日结婚做嫁妆。
大叔大哥你买回家，保证婆娘家心喜欢。
我说这话你不信，你买一个试试看。
婆娘家若说不好用，下回集上我包换！
……

人物

乔李村古往今来名人辈出。在古代有刚烈赴死名标千秋的乔彝、有清正廉能的知县李埰、有身为平民孝义可风的李栻、还有终生从教名闻地方的大儒王之藩等。

在近代，有临汾最早的共产党员之一的李少卿、有带领20多名青年参加红军的高维昆、有舍家纾难投笔从戎为国捐躯的青年教师张光亚等。从红军东征、抗日战争到解放战争，乔李村有180余人参加革命，有23人成为烈士，他们为民族独立和人民解放事业献出了青春和生命。

新中国成立后，在社会主义建设和改革开放中，乔李涌现出一批先进人物，如全国劳模、全国五届人大代表王运康，全国绿化劳模李敬白，荣获全国十大卓越人物、山西省特级劳模许锁子，全国三八红旗手梁玉珍，全国优秀村委会主任国家孺子牛奖获得者王张虎，荣获全国文明家庭称号的李秀珍等。几十年来乔李有120余人当选各级人大代表、政协委员，荣获各级劳动模范等称号，他们是乔李人民的优秀代表，是乔李的光荣和骄傲。

乔李村古往今来名人辈出，古代有清正廉明的知县李埰、闻名地方的大儒王之蕃，近代有最早的共产党员李少卿、全国劳模王运康等，他们是乔李的光荣和骄傲。

◉ 历史人物

乔彝（？—1358） 字仲常。乔李村人，乔氏家谱记为乔氏始祖。德高望重，为时人所敬仰。元至正十八年（1358），一股盗寇由绛州、垣曲一带袭平阳。城陷，城中死者十之二三。时乔彝住城中，他穿戴整齐，将妻子家人聚在一起。其家后有一大井，乔彝坐在井口边，令妻子家人及婢女一一跳入井中，然后自己跳下。贼首王士诚派人到乔家邀请乔彝，使者到时他已死。盗寇被平定之后，朝廷封赠乔彝为“临汾县尹”，并赐谥号“纯洁”。

明代宋濂著《元史》为其立传。明清以来，府志、县志都有传。明清两代，平阳府和临汾县乡贤祠中都供奉乔彝为历代著名乡贤。据本村《临邑乔氏宗谱》记载，乔彝为乔李乔氏一族始祖。有传说“乔村”之名是因乔彝而始改为乔村，不足为据。“乔村”之名始于何时已不可考。

韩均瑜（生卒年不详） 乔李前街人。明成化十五年（1479），秋雨连绵，逾月不止。有大水自镇东北而来，淹至街市，冲为沟涧。韩均瑜捐资数千金夯土砌石，保证了村民安全。受到乡人称颂，并为文勒碑以记其事（碑已佚），县志有传，其夯土砌石，填沟涧为道路，即前街街口与大街相接处的一段道路，80 年代尚存。

王师旦（1579—1644） 字宗周，号心溪。郡庠生，诰授兵马司指挥。他是乔李镇王氏一族读书做官第一人。

王师旦年轻时读书致仕“铮铮而有名士之风”。一生读书、做官、经商。他继承祖上三代经商基业，把山东临清州的“巨珍号”及东杂货、西杂货等店搞得生意兴隆，并“努力扩充”，把盐务生意发展到天津、南宫、顺德等地。同时在家乡乔李镇广置田地、房产，使后街东段路南路北房屋、基址几尽为王氏家族所有。大街铺面、城外园圃也有许多，王氏“生意炎盛，家业愈昌”。

王师旦所处正是明朝末年，农民起义迭起高潮。他站在维护封建王朝的立场上，“急国难，助军饷”，“虽身经抢攘，终非狂寇所能屈”。即在抵抗中被“狂寇”所害。家谱称赞他“高风介节，争光青史”。

王师旦富甲一方后，以忠厚传家，诗书教子。于万历三十七年（1609）在乔李镇后街创建心溪书院，把当时乔李镇的教育水平提到更高的层次。书院内有晋潢南王（明朝皇族）题写的“漱芳茹华”匾额。由此也可看出王师旦作为一代“铮铮名士”为当时王侯仕宦所优崇的名望和社会地位。心溪书院从明至清，办了二百多年直至晚清。这不但是乔李镇，就是在临汾县的教育史上也是值得书写的一笔。

李埰（1677—1739） 字禄公，号宜山。乔李后街人。《临汾县志》有传。李埰幼时丧父，在伯父李炜的教育下发奋向学，砥砺德行。以太学生荐举入仕。康熙五十七年（1718）选授云南大理府浪穹县（今洱源县）知县。当时，正逢平定西藏的战事，（是年秋，大将年羹尧率大军入藏，驻兵拉萨）。云南浪穹是大军必经之地。李埰不避艰险兼程赴任。浪穹四面环山，属少数民族聚集地，向来难以治理，又听说大军经临，百姓惊惧，纷纷逃散。李埰一上任多方晓喻，招回百姓，昼夜筹划，筹集军需物资，勤劳王师，使兵不失所，民不受累，所经大军往返，百姓皆安。

因其治有能名，遂兼任邓川（今洱源县境内）州篆，一州一县，政务繁忙。李埰实行“严保甲，课农桑，除奸宄，轻徭役，掩骼埋胔，浚渠筑堰”等发展生产，安定民生的措施，施惠百姓，受到士民欢迎。同时注重教育，培养人才。邓川、浪穹地远人贫，教育落后。李埰于治内设立“四柱书斋”，入学士子免费膳食。为了解决办学费用，在清勘荒地时，开垦六七百亩，以每年收获谷物，确保学馆之用。其他各州县仿效此法，遂使地方风气为之一兴。

清康熙六十一年（1722），李埰母亲去世，上官据地方士民舆情，想让他留任守制，他坚持不留任，按期返回乔李，为母送葬。任内一应公案，毫无滞累，都是由于平日克勤克慎，不曾一时一事稍有疏忽。

三年服孝期满，又任江西省赣州府宁都县知县。当时有曾姓盗墓易棺一案，历任久拖未决。李埰到任开棺检验很快结案判决，当地以神君称颂。李埰发现当地民众中重男轻女，有溺弃女婴的陋俗，遂行禁止，且晓之以理，劝之以情，使相沿恶风为之顿革。后又调任江西省九江府瑞昌县知县。

雍正六年（1728）奉旨各州县以上保荐一人为官，李埰遂以贤良方正保荐侄子李奇龄应命，李奇龄被录用后历任江南淮扬河务道等职，颇有政声。同僚都说李埰内举不避亲者。至雍正七年，53岁的李埰奉旨引见皇上后不愿再任，辞官归里。其出仕以来，常以“清慎勤”三字自励，上级嘉其忠正，称赞他“清白良吏”。士民感其德义，称赞他“实政行仁。”

李埰晚年优游林泉，淡泊本色，喜读《左传》《国语》等。日常无他嗜好，食居俱有常节。与胞兄敏公李堉相谊。乾隆四年（1739）十月初十，其兄以84岁高龄辞世，李埰痛哭不出，竟于次日而亡，时年63岁。当时临汾知县颜君为文以祭，内有“兄先弟后，携手同归，是兄是弟，存亡相好，夫亦何顾何虑而不逍遥于十洲三岛乎！”等语。

李塏（1689—1766） 字峻公。清康熙五十三年和五十四年（1714—1715）连捷武进士，诰授武翼大夫，浙江处州镇标右营守备，管理游击事。这是乔李历史记录的唯一一位武进士。

李栻（生卒年不详） 清康熙时人，乔李人。李栻出生六个月，其父客死扬州，其母誓志抚孤。当时平阳府学宪赛璋为其挂匾，褒奖其贤淑。李栻长大后耕田供养母亲，并无多余的能力。一天，他哭着与母亲诀别，对母亲说：“儿不幸在襁褓中父亲就去世了，至今父亲的灵魂羁留千里之外，尸骨不知暴露何处，而我自已舒适地住在房室之内，这算什么为人子之道！现趁母亲尚健壮，我要去寻找父亲的尸骸，找不到我是不会回来的。”李栻辗转抵达扬州，遍寻父亲踪迹，由于事远人微，鲜有人知柩厝之所。李栻走投无路，无计可施，无奈卧于街衢，号啕哭泣，愤不欲生，恰遇父亲旧识聂三，才给他指引了埋柩之处。李栻身背父亲灵榇匍匐两千余里，回到乔李，将父安葬。其孝行纯笃，感动了全村乡民。

后来，李栻经常周济孤贫。有族人李成章，从小父母双亡，李栻将其抚养成人且为其婚娶成家。有族嫂安氏贫老无依，李栻为其养老送终。有乡邻高进忠借了李栻的钱，远出经商，不料遭风船翻，血本全无，回来向李栻哭诉。李栻便将原立的借据焚化。康熙四十九年（1710）八月，士民公举，知县宫懋言匾奖其门曰“孝义足风”。李栻卒年67岁，《临汾县志》有传。

李奇龄（1697—1784） 字瑶生，号万青。乔李人。诰授中宪大夫历任贵州省镇远府知府，江南淮扬河务道等职。《临汾县志》有传。

李奇龄青年入庠学，器宇远大，博古好学，尤精于春秋。雍正六年（1728）受时任知县的叔父李埰荐举，以贤良方正入仕。初任别驾，再历监司，历任桃源、安清、中河等县通判，甘肃宁夏府水利同知，江南海防同知，贵州镇远府知府，由于大部分时间从事水利工作，对此，有经验也有政绩，故被任为江南淮扬河务道（道台）。乾隆二十六年（1761）之前，在淮扬河务道任内“因公罣误，致干吏议”，罢职归乡。

李奇龄为官几十年，不改书生气象，好读书尤好存书，包括阴阳五行星象卜医之书无一不备。喜作诗，有“迎銮曲”七绝三十首及“迎銮恭纪”五言排律一百韵，存留至今。晚年居乡里三次被府、县推选为乡饮大宾。年高米寿，无疾而终。

王之藩与印台七老 王之藩（1745—1824）字价人，号兰泉，一号石泉，又号两翁。乔李后街人。县志有传，称其“性毅笃，多识闻，工书善画”。

王之藩八岁丧母，靠庶祖母汪氏抚养，自幼发奋读书，志在仕途。以童子试名列前茅，21 岁考取庠生入县学。此后一心务举业，22 岁就读洞明书院。从 24 岁至 33 岁 4 次应乡试不第。30 岁至 33 岁入国子监为廪贡生。期满后为侯铨教职，曾谋四库馆校录，亦未果。35 岁后因父亲去世，为谋家计，曾去河南内黄、修武、宝丰及山西运城等地经营盐务。42 岁再赴秋闱，又落榜。此后便以教职为业，曾在洪洞县侯建庄、北羊村教私塾。又在乔李镇心溪书院任教。教学之外，琴棋书画技艺俱佳，声名渐起，从学者渐多。乾隆五十七年（1792），王之藩 48 岁时，第六次参加乡试，仍未考取。从此绝意仕途，专心教书，50 岁时任教于望汾楼。嘉庆元年（1796）起，王之藩在蓬山书院讲学，此后十五年间其受业弟子中就有十三人考取庠生，遂成县、府著名大儒。到 66 岁时，才由肄业班（国子监）选授介休县儒学训导，算正式得了个小官职。

王之藩累年著述有：《心溪书院试草》《兰泉文集》《兰泉诗集》《半耕录》《石泉清雅记》等十六种。只有《河东王氏宗谱》及内所收“四礼干”流传至今。

王之藩由介休退休归里年71岁，与本镇老年人联合成立同甲会，有韩敬敷年75岁，韩来升年77岁，李完五年75岁，常壮斋年72岁，裴康侯年79岁，王仲皆70岁等七人，俱年高德劭，相契最深，因仿洛社香山遗意，设会于镇南城墙外印台岗上文庙内，七老经常聚会，饮酒赋诗，教化乡民，时人尊称“印台七老”，众乡民皆钦慕高风，即妇孺亦知敬老矣。

王颐年（1780—1834） 字养恬，号引轩，乔李后街人，太学生。为王氏扬州一支之始祖。幼时随父母生活在扬州。王氏历代经商，王颐年之父王必陛、伯父王必发、伯祖王君傧、王君位，都曾在扬州经商。王颐年15岁时，父亲王必陛在扬州去世（时年36岁）。家庭即陷入困顿。其母孙氏靠着给人家针工缝纫及纺织度日。并抚育着少孀之小姑及外甥同居。“守志亦良苦哉。”王颐年成年后，即在扬州经商，曾在当时扬州八大盐商之首黄至筠（人称黄应泰）的“两淮盐业商总”工作，以后逐渐发迹，家业颇丰，遂定居扬州。王颐年两个妻室（原配刘氏，县底翟村人，庶配徐氏，扬州人）共育八子一女，之后生息繁衍，在扬州俨然成一大家族。王颐年故后归葬乔李故里。起初其子孙与乔李本族联系紧密。后来，社会动乱，亲缘渐疏，遂失去联系。但扬州存有王氏第十六世王君傧撰《临汾王氏世系暨本房事实序》（原文存《河东王氏宗谱》中），故后人知其祖上自临汾县乔李镇迁来。

至2010年，王氏一支迁至扬州愈200余年，已历九代。王颐年之五世孙王祥麟（一名儒杰，字逸平，1928年生，居哈尔滨）纂修王氏扬州一支家谱，并与乔李王氏族人取得联系。至现代王颐年后人枝繁叶茂，人才辈出，散居海内外。

霍凌云（1869—1930） 乔李东街人。霍凌云自幼家境贫寒，13岁就赴北京入“六必居”酱园当学徒，干活勤快，为人又极其诚实善良，深得全店上下好评。这样一干就是20余年。至光绪二十六年（1900）庚子事变，八国联军攻入北京，七月廿二至廿四日，帝国主义侵略军大肆烧杀抢劫三天，前门外繁华闹市区被烧成一片火海，观音寺、大栅栏、粮食店等地的店铺几乎都被烧毁，位于粮食店街的六必居自难幸免，被烧得只剩下后场的两间房子。当时东家伙计纷纷逃散，只有诚实憨厚的霍凌云一人留下看守，大火中霍凌云将“六必居”的大匾和一应账簿抢出，藏入后场腌菜井内，这块上书“六必居”三个大字的匾额乃明代宰相严嵩所书，是六必居酱园的镇店之宝，无比珍贵，所有账目更是全店命运所系。兵燹过后，东家对霍凌云感激涕零，遂委以重任，聘他为大掌柜。在霍凌云的主持下，索回部分外欠债务，又与几位伙计依照原样重建了六必居的门店。东家因为霍凌云在看守和重建中立了大功，特制了一块匾，上书“为守兼优”以表彰他的功绩。还要送他许多银两，霍凌云坚辞不受，几位股东商议送霍凌云一股（占总股十二分之一），从此霍家成为六必居的股东成员，霍凌云担任大掌柜直到1930年去世。也可以说是“终身掌柜”。“为守兼优”的匾额一直挂在店内右侧墙上，直至新中国成立后公私合营时才取下。

◉ 现代人物

李少卿

李少卿（1895—1937） 原名李安怀，字少卿，以字行。乔李村第一位共产党员，临汾县第一批入党的共产党员之一，也是临汾第一个党组织的创建者和领导者之一。李少卿出生在后街一个书香门第。幼时母亲去世，过继给其四叔，七岁入私塾，熟读四书五经。15岁时四叔送他到乔李街上的杂货铺当学徒。时值辛亥革命成功，少年李少卿产生了读书报国的想法，决心上学深造，瞒着四叔，报名考入省立第六中学。毕业后任教于临汾第一高小，1919年，担任临汾第一女子高小第一任校长。其间在俄国十月革命和北京“五四运动”影响下，1921年李少卿与几个青年教师就创办了《新镜》期刊，宣传反帝反封建的新思想新文化。1923年夏，李少卿与张振山、徐亚桑等开办新新书社，主要销售《向导》《新青年》《新思潮》等进步书刊，宣传革命思想。1926年春，中共太原地方执行委员会书记崔锄人亲自到临汾开展党建工作，接收张振山、徐亚桑、李少卿等加入中国共产党，并成立临汾第一个中共支部。秋冬之际，中共临汾支部根据上级指示，秘密召开党员大会，选举产生了中共临汾地方执行委员会。李少卿与张振山、徐亚桑三人被选为委员，张振山为书记，李少卿担任宣传委员。

在此期间，中共临汾地方执行委员会利用国共合作的有利条件与阎锡山的县政府展开了争夺县区两级领导权的斗争。李少卿当选为第三区区长（驻大阳镇）。

1927年4月，蒋介石在上海发动“四一二”政变，阎锡山紧跟其后，在山西清党反共。党组织遭到严重破坏。李少卿远走京绥避难。在外颠沛流离四年多，于1931年冬才回到家乡。先在乔李镇县立六高任教。同时受村人推举，担任乔李村村长。李少卿在教学中大胆地向学生进行反帝反封建的爱国主义教育。担任村长期间热心为村民办事，主持正义，为群众排忧解难。同时把贫苦农民与乐户鼓手组织起来成立了村里的秧歌剧团，排演戏曲，用文艺形式宣传革命思想。

1936 年春，红军东征到乔李。此时李少卿正在临汾城内女子高小任教，被困城中无法与红军联系。红军回师陕北后，地主和反动政府疯狂反扑，不但逼迫农民退还粮物，还将全村十个闾长和积极分子二十余人扣押在看守所。李少卿与本村绅士吴振东联手将二十余人营救出狱。后来阎锡山的县政府为维护地主的利益发放了一些钱粮。时任村长的李少卿没有按照县衙的旨意办事，他首先想到的是因春荒而饥饿的穷苦农民，把钱粮除一部分给地主外，剩余的分给了贫民。因此得罪了地主，他们就收买村里的一个讼棍到县衙告密，控告李少卿是共产党，致使李少卿受到县衙传讯并被羁押数日。由于查无实据，加上李少卿在社会上的威望，他们只得放人。李少卿经此迫害后，加之身体不好，于 1937 年 4 月病逝，年仅 43 岁。

高维昆（1914—1978） 乔李前街人。高维昆自幼聪明好学，在县立六高毕业后于 1932 年考入太原国民师范，1934 年在学校参加民族武装自卫会（共产党外围组织）。1935 年国民师范共产党组织遭破坏，高维昆遭反动当局逮捕。1936 年年初，经组织营救出狱。于正月二十八（2 月 20 日）潜回乔李老家，藏在前街两孔破窑洞里养病。

高维昆

1936 年 3 月 10 日，东征红军到乔李里。高维昆听说红军到来欣喜异常，与群众一起迎接红军，发动群众打土豪、分浮财，带头组织青年参加红军，在他带头动员下乔李村就有 20 多名青年参加了红军。

高维昆随红军到达延安后，改名高维，在红军学校当教员。抗日战争开始后，回到山西任战地动员委员会任组织部干事，后在敌后根据地工作，任晋察冀边区政府财政处秘书。1945 年 7 月加入中国共产党。解放战争中，回到部队任晋察冀军区政治部训练处科长，华北军政大学教员。

全国解放后调入中国人民银行任专员、农金局信用合作处处长等职，行政十三级。1951 年，参与制订农村信用合作社方案。1952 年专程回到临汾给全区银行系统干部讲课，在临汾住了 7 天，都没有回已经阔别 13 年离城仅 10 千米的故乡乔李村看望父母及家人。当时其家庭在土改中已被划为富农成分，高维昆表示与家庭划清界限。

1936年年初，经组织营救出狱的事给高维昆的革命生涯带来终生的麻烦。在延安整风时就因为“交代”不清，始终不受信任，一直到1945年才被允许入党。全国解放后，也不受重用。1964年“城市四清”时，又清查其“历史问题”，怀疑其背叛革命出卖同志才获出狱，给予开除党籍，行政降两级处分。1968年，被下放到河南省淮滨县赵集村的中国人民银行“五七”干校劳动，停发工资，每月只有30元生活费。直到粉碎江青反革命集团以后，在真理标准大讨论中，高维昆的冤案才得到平反。然而此时他已身患绝症，时日无多，于1978年8月6日，在北京逝世，终年65岁。

张光亚（1915—1939） 乔李后街人。张光亚青少年时随父亲和祖父在平津读书，毕业于北京汇文中学，接受新思想、新文化教育，目睹日军侵华、国土沦丧，遂具有强烈的爱国进步思想。1934年，因父亲去世而返回家乡即从事教育工作。曾在后街公所自办光华小学。后在县立六高任教，并在乔李村平民学校义务任教。经常向学生宣讲爱国思想。

1937年7月，抗战爆发，平津失陷，华北大片国土沦亡，张光亚面对国难当头决心投入抗日洪流。此时他家中只有年老的母亲、年轻的妻子和刚满周岁的儿子。但张光亚说：“国破家何在，无国岂有家！”是年十月，他与同在乔李六高任教的宋国璋（北高村人）、段秉善（里仁村人）、张志善（西孔郭村人）三位志同道合的热血青年一起舍弃家庭，告别亲人，投笔从戎。他们四人一起到洪洞县曲亭镇考入八路军随营学校，参加了八路军。参军后，张光亚改名张羽，他在家信中说，要像鸟儿一样为自由而飞翔，说不定飞往什么地方。

参军后，张光亚在一一五师师部做文书工作。1938年5月，在晋西的隰县经历了著名的午城、井沟、薛公岭战斗。1938年年底至1939年年初，一一五师一部改称东进支队，张光亚随部在政委罗荣桓和代师长陈光指挥下挺进山东敌后，直插泰山以西地区，建立各级抗日政权，有力地威慑着津浦铁路中段的日军。

1939年5月初，日军驻山东最高指挥官尾高龟臧，纠合十几个县的鬼子8000余人，兵分九路，号称“九路合围”，杀气腾腾地在飞机、坦克、大炮掩护下向泰西地区“扫荡”。我军在代师长陈光指挥下利用敌人不敢夜战的弱点，分两路从敌人阵地的空隙间向东南及西南方向突出了重围。粉碎了日本侵略军围歼我军的梦想，保存了我军的精锐部队，而且极大地振奋了山东抗日军民的斗志。消灭了日军1300余人，这就是抗战史上著名的“陆房突围”，而张光亚就是在这次战斗中牺牲的。

张光亚老母王氏自儿子参军后，时时思念。光亚壮烈殉国后，家人、亲友不敢将噩耗告知老人。光亚的舅父是当地有名的教师王赞臣，依然隔一两月就谎称光亚有家书来，拿两页信纸，读给姐姐听，读完老人则像珍宝一样将儿子的“信”保存起来，如此持续十余年，直到全国解放后，老人家仍不见儿子归来，才彻底失望了。将十余年珍存“信件”与纸钱一起焚化。此后，老人在绵绵思念中郁郁而终。张光亚的妻子逯玉芳，出生于大阳镇坡子村一个书香人家，在张光亚离家参军后，逯玉芳挑起生活的重担，在险恶的环境中，在战乱的岁月里，含辛茹苦，艰难备尝，孝敬婆母，养老送终，抚育子女，成全家庭。1997 年，逯玉芳老人 80 岁生日时，乔李村党总支、村委会，举行隆重而热烈的仪式为老人祝寿。既是对逯玉芳老人的祝福和褒扬，也是对张光亚烈士的纪念和旌表。

王思敬（1915—1939） 乔李后街人。1936 年年底参加牺盟会决死队，并加入中国共产党。1939 年 12 月，阎锡山发动“十二月事变”，王思敬时任决死队指导员，在赵城战斗中牺牲。其弟王思功与村人将其尸骸找回安葬。

王吉宗（1919—1976） 乔李后街人。幼时在本村小学读书。1936 年红军东征到乔李，王吉宗积极报名参军，随军回师延安，同年加入中国共产党。

王吉宗

1936 年年初，任红二师二团勤务员，红二师 635 团宣传队员。抗日战争时期，任冀鲁豫军区四分区青年干事，三旅七团三连指导员，二分区武工队副政委，解放战争时期，任冀鲁豫军区独立一旅二团政治处副主任，随营学校第三大队政委。建国后，任第六高级步校 12 大队政委，校务部卫生部政委，第二高级步校练习团政委，1961 年任山西省军区晋南军分区副政委，1974 年离职休息。

在任连指导员期间，作为突击连参加了攻克大吴庄战斗，“四一二”日本侵略军大扫荡时，参加了马集战斗，以后参加了平汉路战役等。荣获了三级独立自由勋章，三级解放勋章，1960 年晋升上校军衔。1976 年 9 月 20 日去世。

杨向前、吴秀英 杨向前（1920—1968）乔李前街人。1936 年 3 月，红军东征到乔李，杨向前积极报名参加红军。

杨向前到延安后在董必武同志身边工作，抗战时期到太岳根据地。1948 年临汾解放后，他在临汾专署做后勤工作，他还曾动员乔李的青年人参军，1949 年，杨向前随大军南下到达云南昆明，解放后即在云南省直机关做后勤行政工作。

杨向前 1968 年去世。他的老伴吴秀英（1920—2015）于 1969 年退休后回到乔李安家。吴秀英是四川旺苍县人，15 岁就参加革命，经历了红军长征到达延安，她与杨向前是同在董必武身边工作认识并结婚的，董老还参加他们的婚礼为他们主婚。吴秀英回到乔李后积极参加劳动，干自己力所能及的活，积极参加乔李党总支的工作，保持并发扬老红军的优良传统，深受党员和群众的尊重。被选为乔李大队党总支委员、临汾县妇联常委、临汾地区妇联常委等职。后返回昆明和儿女团聚。2015 年去世。2016 年子女将杨向前与吴秀英骨灰送回乔李安葬。

高仰斗

高仰斗（1922—1995） 乔李后街人。15 岁丧母。正上高小时遇上日军侵华，学校解散而辍学，从此随老父务农。21 岁时父亲去世，此时，二弟未成家，三弟才 11 岁，妹妹更幼。俗话说“老哥当父”，高仰斗便承担起家庭重担一心务农，成为种地的行家。解放后，他更是精耕细作，学习新技术合理密植，又遇上风调雨顺，1949 年小麦获得大丰收，他带头交公粮，受到四区（驻乔李）政府的表扬。区委书记胡毅看他是个人才就委任他主持试办信用站，之后任乔李信用合作社副主任。1955 年加入中国共产党。解放初期，他不但积极工作，而且认真种地，光景越过越好，1951 年卖了牛买了一匹土黄色骡驹和一辆新式铁轮车。1954 年率先报名参加了王运康发起成立的后街初级农业合作社，将新买的铁轮车和骡子都交给合作社。

1956 年，乔李、南侯两村五个初级社合并为“五星”高级农业生产合作社，上级将他从信用社调回高级社任副社长，分管经营管理和财务工作。从此他一管 30 多年，被人称为乔李村的“好管家”。

1961 年乔李、南侯分为两个大队后，高仰斗任乔李大队主任。1964 年“四清”运动时，但工作组没查出高仰斗有任何问题，他是“四不清”干部中第一个被“解放”出来的，工作队让他继续当主任主持全大队生产工作。

1966 年后，王运康任支部书记，高仰斗仍任主任，“文化大革命”中两人的默契配合没有使全村分成两派，在当时形势下堪称“奇迹”。后来公社成立核心小组和革命委员会，高仰斗在工作中仍与运康很好配合，维护了大队领导班子的团结，表现出坚定的原则性。在“文化大革命”的几年中反而使乔李大队取得了大发展。

1976 年，乔李大队实行大队核算后，高仰斗主持经营管理和财务工作，他与大队其他领导及财务人员，制定“三定一包”经营管理方案，建章立制加强财务管理，乔李村几十年间，财务规范，管理有序，账目清楚，高仰斗付出了极大的心血和艰辛的劳动。

1981 年政策放开，土地逐步到户后，高仰斗退出领导岗位，仍负责大队科技站工作。直到 1989 年身体瘫痪才停止工作。1995 年农历十月初三去世，享年 74 岁。

李兴侠

李兴侠（1923—1999） 乳名月俊，字效瑾，乔李后街人。李少卿之女。自幼受父亲影响，好学上进。父亲为其取名，意在鼓励其学习鉴湖女侠秋瑾的精神，追求真理，献身国家。6 岁起即读私塾。第二年入第六高小初级班，是学校仅有的两名女学生之一，两年后仅留她一个。1933 年秋考入高级班（即高小五年级）。1934 年春转入其父李少卿执教的临汾县两级女子学校（临汾城内）就读。1935 年秋，年仅 12 岁即高小毕业。1936 年下半年，其父生病，第二年 4 月逝世，不到百日母亲相继而亡。时李兴侠仅 14 岁，其弟兴亚不足 11 周岁。姐弟无奈到郭行村舅父家生活。

抗战爆发临汾沦陷后，1938 年秋，兴侠与景仙洲（著名抗日英雄，与李少卿为同事）之女景荣一起去赵城石门峪参加牺盟会，先后在霍县（赵壁村）、赵城（马头村）工作。经师建昌介绍秘密加入中国共产党。1939 年深秋，调回临汾县河东办事处工作（驻郭行乡张家庄）。1939 年年底，阎锡山顽固派掀起反共高潮，攻击牺盟会、决死队和共产党人领导的民主政府（史称“十二月事变”）。临汾县河东办事处及共产党组织遭到严重破坏，经组织安排，李兴侠潜回郭行村舅父家躲藏，从此与党组织失去了联系。

1945 年秋，日本投降，中国人民抗日战争取得胜利。革命事业的光明前景召唤着每个青年人。李兴侠再也按捺不住向往革命的心。李兴侠以住娘家为由，带着一岁半的儿子，逃离生活了四年的家庭，投奔解放区，找到了老同志、老领导，重新回到了革命队伍。

1945 年 9 月到解放区后，李兴侠在临汾县民主政府经济局（又称“产销公司”）工作。在地委干部学校（安泽县孔滩村）做教学工作。

1948 年春，随着人民解放战争节节胜利，需要大批干部南下开辟新区。李兴侠将一双儿女寄养在亲友家，积极报名参加南下工作团，随队南下。从 1949 年到 1950 年李兴侠在商洛地委领导下创办干部学校，为开辟新区培养干部。

1950 年秋，商南县妇联会成立，李兴侠任主任。参加中心工作，下乡搞土改斗争。

1952 年秋任商洛专区妇联会主任，并担任商洛专区宣传婚姻法办公室主任。1953 年下半年到北京学习半年。1956 年夏调陕西省妇联，任农村工作部部长。1958 年春，调任西安市阿房区副区长，后任雁塔区副区长，共做了五年政府工作。

1962 年下半年，李兴侠在西北党校学习半年后，于 1963 年春调入西北政法学院，先后任党委办公室副主任、组织部长，纪律检查委员会副书记（主持工作）。1970 年西北政法学院被撤销，李兴侠被调到西北农学院任畜牧兽医系党总支书记，为村里引进优良品种，介绍农业科技，1975 年任基础课部总支书记，又任户县开门办学点负责人。1976 年 10 月粉碎江青反革命集团以后，调入陕西中医学院，任政治部负责人。1979 年秋，调西安体育学院任组织部长，至 1984 年年初离休。1999 年 7 月 31 日因病逝世，享年 77 岁。

李兴亚

李兴亚（1926—2012） 乳名双来，参加革命后改名李朴。乔李后街人，李少卿之子。11 岁时父母双亡，与姐姐兴侠到舅父家郭行村生活。1942 年春入临汾县民主政府办的东乔村高小附设师范班。10 月参加临汾县民主政府在岳壁村办的知识分子训练班。训练结束后，经早年参加革命的表兄霍旺（时任太岳行署司法科长）介绍，辗转到达涉县曲园村高等法院驻地，正式参加革命工作，并改名李朴。此后五年间，先后在高等法院和太行行署司法处行政科等单位工作，经历几次反扫荡战斗，参加了整风运动以及学习中共七大文件。日本投降后，随军攻克焦作后，曾在焦作市政府财粮科工作，五年多的时间里，南到焦作，北到昔阳几乎走遍了太行根据地。1946 年 5 月 18 日加入中国共产党。

1947 年 6 月 30 日，刘邓大军渡过黄河，李朴参加地方调干随军南下，于 7 月 3 日动身，编入天池支队五中队，南下到安徽金寨入大别山区，到桐城及潜北开辟根据地，打游击，搞土改，在极其险恶的环境中开展对敌斗争。1948 年夏在桐潜县五区任区委副书记。1949 年 1 月桐城解放后，李朴被派到潜山县源潭区任区长兼区干队长。5 月任区委书记、区长兼区干队政委，参加指挥了“桐（城）潜（山）怀（宁）”剿匪斗争，消灭了还乡团，缴获许多枪支弹药，取得剿匪、救灾、征粮、反霸、改造伪保甲、建农会等工作的全面胜利。

1950 年 5 月任潜山县委秘书室秘书。11 月潜山县开始土改，梅城区为试点先行一步，李朴复被派任梅城区委书记，负责镇压反革命、土改等工作。

1951 年春，李朴调任安庆地委宣传部教育科副科长、宣传部秘书。11 月带队到枞阳汤沟桂家坝搞地委的整建党试点工作。1952 年 1 月调任市枞阳区区委书记兼区长。后又调任市委组织部组织科长。1953 年 10 月调任安庆市委办公室主任，1954 年 11 月任市委秘书长。

1957 年反“右派”运动中，李朴兼任整风办公室主任。1958 年 1 月在安徽省委反右斗争中李世农、杨效椿受到打击，李朴因与李、杨为同事受到牵连而被批判，5 月 1 日被下放到大渡口新庭乡前进大队监督劳动。1961 年国庆前任手工业管理局副局长。1962 年 7 月市委召开大会给予平反。

1963 年正式回安庆市委上班，仍任秘书长，并兼任市委甄别领导小组副组长。1964 年下半年兼任市委“四清”办公室主任。1965 年 7 月任安庆市委副书记。

1966 年“文化大革命”开始，李朴曾兼任“文化大革命”办公室主任，接着被揪斗和劳动改造。1971 年，李朴被下放到怀宁县石景公社，名为学大寨宣传队，实际在石景大队参加劳动。1972 年 9 月被任命到怀宁县任县委常委、革命委员会副主任。1973 年春节后正式去怀宁县委上班。 1974 年春节后调任安庆地委地革委政工大组副组长，分管教育、卫生、知青、血防、体育等工作。1975 年到太湖县刘羊公社赤土大队农业学大寨的重点去蹲点。1976 年 4 月地委撤四大组，改部、委、局、办，李朴任地委宣传部副部长，粉碎江青反革命集团以后主持宣传部工作。

1978 年 3 月，李朴调任安庆市委副书记，拨乱反正，落实政策，发展生产。1979 年 10 月，安庆市恢复为省辖市，仍任副书记。1980 年后，仍任市委副书记，并兼纪律检查委员会书记、市委党校校长。

1983 年 12，李朴当选为安庆市人大常委会副主任，市委任命为党组副书记。1988 年 8 月，国务院批准撤销安庆地委（合并为安庆市），李朴继续担任人大常委会副主任、党组副书记。1994 年离休。

高明

高明（1926—1981） 原名高维嵩，乔李前街人。青年时曾被日本人抓丁。后为躲拔兵，到洪洞县道觉村学卷烟。1949 年 2 月从道觉村回到乔李参军入贺龙中学学兵队，随军南下到四川南充，更名高明。在追歼土匪中曾立二等功两次，并加入共产党。

1954 年高明复员回村，任乔李党支部宣传委员，乡政府派他到县上学习广播技术，学习结束后，他带上县里发的收音机和两个喇叭，到各村播放，后又安装有线广播喇叭。

1955 年，他和李生德组织 27 户农民办起了前街初级农业生产合作社，担任政治社长。1956 年高级合作化中，乔李和南侯村五个初级社合并为乔李五星高级农业合作社，他担任支部书记兼政治社长。

1957 年，他带领群众修建引汾水东调六级提水工程“幸福渠”。1958 年，他带领社员架线通电，使乔李成为临汾县通电第一村。1960 年天旱无雨，乔李旱地无法回茬，在公社统一安排下，他带领青年突击队到韩村借种水地 200 亩，收获玉米 5 万千克使群众度过荒年。1962 年到 1963 年，各生产队的铁轮车大部分换成大胶轮车。高明从 1956 年至 1964 年任支部书记 8 年，乔李村党员由 6 人发展到 56 名，对乔李村党组织的建设做出了很大贡献。在 1964 年的“四清”运动中被划为乔李村头号“四不清”干部，多次批斗，受到撤销支部书记职务和开除党籍的处分。

1967 年，高明担任大队高灌站负责人。1973 年，乔李公社党委决定，给高明平反恢复党籍，并让其担任公社广播站站长，他发动群众自制水泥电杆，使全公社十一个村全部实现了户户有喇叭。1977 年，高明担任乔李公社卫生院院长，自筹资金建起三层住院楼一栋，病房二十间，并带领全院职工多次上安泽山采药，为医院增加收入，为群众看病提供方便，扭转农村缺医少药的局面。由于过度劳累于 1981 年正月十一因冠心病逝世，终年 56 岁。

王运康（1932—1998） 乔李后街人。全国劳动模范，全国绿化奖章获得者，全国人大代表。王运康 15 岁之前在小学读了几年书。1948 年临汾解放后王运康在临汾县四区（驻乔李村）参加革命工作。先当通讯员，后参加武委会的工作。从 1950 年起担任民兵队长，积极投身互助合作中带头组织互助组并任组长。1950 年 11 月当选为县各界人民代表大会代表。

王运康

1954 年，冬王运康带头发起组织 27 户农民成立了乔李村后街初级农业生产合作社，并担任社长。他不但把前两年买的一匹枣红马和新打造的铁轮车交给了合作社，连刚买好准备给自家建房的砖瓦椽檩也捐给社里建了马房，而自家一直住着三间小土坯房。

1956 年在全国农业合作化高潮中，王运康领导的后街初级社与乔李村和南侯村的另外四个社合并为五星高级农业合作社，王运康担任副社长。1960 年转为国家干部，担任屯里公社公安特派员，之后又被派到东张管理区任支部书记。1961 年年底，屯里公社分为屯里、乔李、东张三个公社，1962 年，王运康重回乔李大队担任副主任。

1963 年年底，大批工作队进驻乔李搞“四清”运动的试点，王运康首当其冲被列为“四不清”重点对象。最后无论怎样苛刻计算，结论是王运康“多吃多占”34.2 元。工作队也实在找不出重大问题，到运动后期，按“二十三条”落实政策，仍让王运康留任大队支委而兼任第五生产队队长。

不久，乔李公社调王运康为公社水利员。1965 年冬，他率领全公社 1000 余劳力投入洪洞县曲亭水库引水工程，寒冬腊月奋战二十天，打通从苏堡到尹壁间的倒虹吸工程。此后乔李公社便用上了曲亭水库的水。

1966 年 2 月，公社决定王运康重回乔李大队担任党支部书记。一回大队就登门看望整过他的群众，好言相慰，尽释前嫌。他上任第一件事就是马上动工在寨子河里修建高灌站，将村南涝河水提上旱垣。接着规划道路、植树造林，建设农田林网。同时办起农机修造厂和林场，发展村办企业。

1966 年秋，“文化大革命”期间王运康主动找“四清”上台干部和贫协主任等人促膝谈心，从而使乔李党支部没有分裂，党员和干部队伍没有分裂，群众没有分裂。在排除“文化大革命”动乱的种种干扰后，王运康和乔李党支部班子带领全村群众一心一意“抓革命、促生产”。坚持不懈地开展农田基本建设，实现了方田林网化。接着又建了四个高灌站。1969 年秋冬组织打水井，改变水利条件。大力发展村办企业，先后建了农机厂、林场（苹果园）、猪场、面粉厂、机制砖厂等。在全国掀起农业学大寨高潮的形势下，乔李村成了全县、全地区的先进单位。

1973 年，王运康被地委任命为乔李公社党委书记。1975 年，王运康被推选为全国农业劳动模范。1975 年和 1976 年，乔李村连续两年上交公粮 50 万千克，相当于当年征购任务的五倍多。

1976 年，王运康被任命为临汾县革命委员会副主任。1982 年 12 月调任临汾地区林业局副局长。1984 年任地区绿化委员会常务副主任（正县级，主任先后由专员和副专员兼任）。1991 年被授予国家绿化奖章。

1993 年，王运康到龄离休。离休后，被临汾市委聘为乔李镇顾问，参加镇党委，专管乔李村工作。

十一届三中全会后，在农村改革中，王运康与乔李党总支一班人创造性地实行“宜统则统，宜分则分，统分结合”的双层经营模式，受到地委、省委的重视。1992 年，山西省委、省政府树立表彰了二十个农业战线红旗单位，乔李村居于榜首。

王运康在长期的农村工作实践中认识到，农业的发展必须走科技兴农的路子。他与科研单位联系，1990 年，山西省农科院把乔李作为科技开发试点，从小麦所、棉花所，畜牧所、果树所，抽调五名专家长期在乔李指导。培育出“乔引一号”小麦优良品种，规范了棉花管理技术，使小麦和棉花产量有了历史性的突破。新建了科技含量高的“传真果园”，建起 50 多个蔬菜日光大棚和 50 多个家庭养鸡场，使乔李的传统农业发生了大的变化。

1994 年 2 月 1 日，中共中央总书记、国家主席、中央军委主席江泽民视察了乔李村。在老党员李金尧家，王运康向总书记汇报了村党支部带领群众坚持社会主义方向，走共同富裕道路的情况和加强村支部建设的做法，受到总书记的赞赏，并为乔李村题词：“坚持社会主义方向走共同富裕道路。”

江泽民总书记视察后，王运康和党总支一班人决定，投资 120 万元，建成一座 2300 多平方米 18 个教室的小学教学楼，同时建了锅炉房，安装了暖气，彻底改善了孩子们的上学条件。1995 年，在村北新修一条 1200 米长的商业街，起名“迎泽街”。为进一步发挥乔李镇的商贸物流优势打下了更好的基础。1996 年他又与镇政府协调，整合医疗资源，建成一座 120 张病床的医院，作为市里农村“中心卫生院”。这是全市村级独立建设的第一座“中心卫生院”。

王运康终其一生，坚持不懈为乔李奋斗。最终心力交瘁，于 1998 年 11 月 28 日病逝，享年 67 岁。

高仰辉

高仰辉（1932—2008） 乔李后街人。自幼家境贫寒，5 岁丧母，11 岁丧父。1947 年 9 月，仅 15 岁便参军到临汾县独立营，给营长宋文英当了通信员。在县独立营曾参加县底镇翟家庄围歼反动武装复仇队的战斗和在县底镇西杜村消灭襄陵县反动武装的战斗。1948 年 3 月至 5 月，高仰辉随军参加了解放临汾战役。临汾解放后，高仰辉随团参加了晋中战役、太原战役。太原解放后，随军进军大西北直到甘肃，在解放天水战斗中左手负伤，指骨折断，伤愈后左手致残。1950 年 5 月高仰辉光荣入党。同年 5 月 21 日华北军区政治部发给二等乙级残废证。

1950 年 5 月 30 日，高仰辉转业回到临汾县被派到四区（驻乔李镇）任干事。1952 年 6 月任第一区（驻翟村）区委副书记。1954 年 7 月任黄寺头基点乡书记。1955 年 8 月任贺家庄基点工作组组长。1956 年 2 月任临汾县拖拉机站书记兼站长，这是全县历史上第一个拖拉机站（住贾升村），高仰辉为筹建者和第一任站长。1956 年 10 月高仰辉任大阳乡党委书记。1958 年 9 月人民公社化运动中高仰辉任东风公社（驻县底）副书记。1959 年 3 月任县底公社书记。1959 年 10 月至 1963 年 5 月间，高仰辉先后任西郭煤矿党委副书记、任临汾轧油厂党支部书记、临汾电机厂党支部书记。1963 年 5 月，高仰辉任枕头公社书记。1965 年 12 月任大苏公社书记。1966 年 10 月任临汾县手管局党委副书记。经过“文化大革命”初期的动乱之后，县革命委员会成立“四大组”工作机构后，高仰辉任生产组综合办公室主任。1971 年 7 月任地区铸造厂革委员会副主任。1973 年 8 月任临汾市革委会工业组副组长。1975 年 9 月高仰辉任襄汾县委工交部部长。1981 年当选为襄汾县副县长。1985 年 8 月调任临汾地区煤管局副局长。1993 年 10 月离休。高仰辉经常关心家乡发展，1991 年至 1992 年乔李村筹建洗煤厂过程中，他也热心帮忙，为家乡经济发展做出了贡献。2008 年 4 月 2 日，高仰辉病逝，享年 77 岁。

李敬白（1933—2013） 乔李东街人。全国绿化劳模。1952 年参加中国人民志愿军赴朝参战，1957 年复员回乡。1958 年负责乔李管理区肥料厂工作。1960 年被管理区委派到南侯村主持工作。1961 年任第 16 生产队政治队长至 1964 年，“四清”运动中受到批斗并被免职。1966 年 3 月任乔李大队副主任并负责高灌机台的建设。之后一直分管全村农田水利工作，组织打井专业队，打井修渠，合流远浇，为改变全村水利条件作出贡献。1980 年任临汾县涝河灌区乔李水管站站长，负责全公社配水浇地事宜。1986 年 7 月回村任村委会主任。1987 年任总支书记，其间新建纺纱厂、木器厂、铸造厂，重建机制砖厂、牛场，加强了村办企业的财务管理，使乔李村集体企业发展壮大。1991 年 6 月之后负责乔李村市场建设，把集市贸易和农贸市场管理得井然有序，受到市工商局的表彰。2000 年春重新担任总支书记。

李敬白

2002 年 8 月，朱恒喜任乔李镇党委书记，以年纪大为借口，让李敬白卸职，朱亲自兼任乔李村总支书记。李敬白多次受临汾市委、临汾地委表彰，三次荣获地、市“红旗党支部书记”。1989 年荣获全国绿化奖章，1990 年获临汾市劳动模范。

王有宗

王有宗（1933—2008） 乔李后街人。中国美术家协会会员、中国工艺美术学会理事、高级工艺美术师。著名工笔花鸟画画家，曾任西安工艺美术厂厂长兼党委书记。

王有宗少年时在日本侵略者侵占乔李期间断断续续读完小

王有宗作品《葡萄架下》

学。解放战争时期乔李成为拉锯区，高小停办，王有宗在其母亲支持下去东山解放区求学，在浮峪河的临汾县第一高小学习。临汾解放后考入临汾师范。1952 年毕业后分配到霍县教学。

王有宗自幼酷爱美术，在霍县任教三年后，于 1955 年考入西北艺专美术系（即西安美术学院）。1958 年毕业于该校国画系花鸟画专业并留校任教。在这段时间里对民族传统绘画深得多位先生教诲，在工笔花鸟画方面更得力于郑乃珖先生的传授与指教，使其在理论与技法上打下了坚实基础。1962 年开始先后在特种工艺美术厂、锦江刺绣厂担任图案设计和技术副厂长，为西安市的漆器工艺和刺绣工艺做出了贡献。1973 年负责筹建西安市工艺美术研究所，在短短的几年里研究所研制的创新产品在全国和省市的评比中多次获得表彰。1982 年专程赴云南西双版纳写生，对奇花异卉、珍禽走兽、风土人情进行了实地考察与体验。1987 年，王有宗随中国工艺美术考察团访问波兰，不但了解了他国的工艺美术，也做了不少写生练习。

多年来，王有宗孜孜不倦地对工笔花鸟画进行不断的探索与追求，他的工笔花鸟画有比较扎实的线描功底和写实技巧，其作品工整秀丽，富有生活情趣，他的花鸟画既有传统技法，又有创新立意，是雅俗共赏的作品。

1987 年，天津杨柳青出版了王有宗在云南写生的《花卉写生》专集。1988 年陕西

王有宗作品《和平之春》

科技出版社出版《花苑诗画》一书，收录他的画稿 80 余幅。1988 年陕西画报第六期刊登专栏介绍“王有宗工笔花鸟画”。1998 年陕西人民美术出版社出版《王有宗工笔花鸟画集》。天津人民美术出版社、陕西人民美术出版社多次出版他的花鸟四条屏年画。其他如《人民中国》《中国工艺美术》《陕西日报》等刊物也刊登过他的作品和文章。

王有宗钟情艺术，勤奋努力，无论有繁忙的行政领导事务在身或外出开会办事，每天都坚持画画，从不间断。退休后甚至患病之后，在半身活动不便的情况下，仍在家画画创作。终其一生，不懈追求，达到很高的艺术境界。在西安美术界乃至全国工笔花鸟画界都是很著名的画家。

任来旺

任来旺（1939—2014） 乔李前街人。1959 年参军，在 9741 部队服役。先后在甘南、川北、青海等地驻扎，曾任副班长、班长，参加西藏平叛战斗，荣立三等功一次。1961 年加入中国共产党。1963 年复员回乡。1965 年 5 月担任乔李大队党支部书记。1966 年 3 月调整任副书记。任来旺不争名位，服从公社党委决定，支持王运康回村任支部书记，自己甘当副手。特别是“文化大革命”开始后，不受外部派性干扰，与王运康一起，共同做好“四清”上台干部与下台干部两部分人的工作，维护了党支部和全体党员的团结，维护了全村的团结。1966 年秋，任来旺兼任大队农机厂厂长，带领职工白手起家，把厂子越办越好，成为全县、全地区村办企业的先进典型。1975 年又负责建设 50 万千克粮库和大队面粉厂，为全村村办企业发展做出贡献。1981 年，任来旺任公社卫生院院长，1986 年 11 月任卫生院党支部书记至 2000 年退休。

刘舍子

刘舍子（1939—2014） 乔李东街人。东街刘家为乐人世家。刘舍子自幼丧父，家境贫寒，随从家族长辈从事乐人行当，靠自己的精明能干，二十多岁就在行内成为首领人物。乔李村从 30 年代搞起业余剧团，刘氏一家就是乐队骨干。刘舍子自 1956 年乔李成立俱乐部到业余剧团，一直是骨干成员。

1966 年冬，乔李大队成立毛泽东思想文艺宣传队，刘舍子任队长，1967 年，宣传队以大队林场（果园）为基地，舍子兼任林场场长。此后十余年间，乔李村成为县、地先进典型，乔李文艺宣传队也唱红了临汾地区，在省里也很有名气，成了乔李村的一张“名片”。与此同时，乔李林场也从 80 亩发展到 500 多亩，乔李的桃和苹果也成了全县闻名的名特产品。乔李文艺宣传队和林场都为乔李集体经济发展做出了重要贡献。刘舍子先后担任大队副主任、副书记，仍负责林场工作。1984 年春到 1986 年 7 月，刘舍子任大队副书记、村委会主任，其间为全村铺设了自来水系统，解决了全村人畜饮水问题。之后刘舍子仍担任大队副书记兼任林场场长并分管四个良田专业队的工作，负责大队生态园建设。

刘舍子从小家境贫寒没读过书，他深知没文化的苦处，极力教导子女努力学习。他的长女留学加拿大，次女留学美国，都定居在国外，几个子女都学业有成。乔李村党总支将其树为尊师重教的典型，颁发给他“教子有方”光荣匾，鼓励村民向他学习。

王有宗作品《鸡鸭鹅鸽》（四条幅）

艺文杂记

◉ 诗词

迎銮曲（30 首选 11 首）

〔清〕李奇龄

其三

绣圻风景画难成，舞巷歌衢处处迎。
正是年来秋稼稔，篝车蔀屋乐丰宁。

其四

耕凿家家足岁租，青郊景象总堪娱。
何须三辅黄图记，此即豳风一幅图。

其五

红杏纔花柳乍牙，春光点染野人家。
惬情最是平畴麦，翠刬蓬蓬暎翠华。

其六

况是西陲定武功，玉关万里绝烟烽。
省方竞奏升平乐，不用军书马上封。

其十二

皤皤黄发髩蓬鬆，扶杖来观喜气浓。
旧赐绢衣颜未改，皇恩浩荡字当胸。

其十四

唐魏遗风朴僿多，诉閪都为翠舆过。
趋尘不解迎銮曲，犹是当年击壤歌。

其二十

霓旌云罕度青孱，钟磬遥传杳霭间。
更上一层菩萨顶，梵音仿佛似鱼山。

其廿七

回銮赵北暂停骖，千顷琉璃一镜涵。
容与龙舟春水阔，夹堤桃柳似江南。

其廿八

湖面周陂设水围，芦蒿正长鯊鱼肥。
杨舲鸂鶒凌波舞，椋柂鸡鶄掠水飞。

其廿九

归田久作里居民，旧是宣房畚锸臣。
欣觏龙光贲桑梓，曷禁忭舞属车尘。

其三十

一代承平胜事传，卷阿歌咏乐尧天。
望尘那不倾葵切，况沐君恩二十年。

悼之芳弟

〔清〕王之藩

悽悽复悽悽，我悲在十牛。（弟乳名）
年未满三旬，而怀百岁忧。
憶昔初命名，菊芳济兰幽。
自尔甘淡泊，富贵非所求。
鹏鹄冲霄汉，鱼鳞戏汀洲。

弃儒远服贾，聊为衣食谋。
临冠兰陵道，廿七客中州。
人生须旷达，穷通不自由。
怜汝多心机，纤细费萦筹。
弱桐而老干，岂其夭春秋。
如何日昨双鲤来尺素，杳然未曾收。
讹传偶采薪，竟成永诀之离愁。
雁鸣三春断，棣英一夕休。
云山缥缈隔千里，南方不可以久留。
魂兮魂兮早归来，明月皎皎映高楼。
预卜他乡死，悔不理田畴。
汝母哭西河，今已眇双眸。
家人思不见，疑信互悠悠。
归来魂兮早归来，我在梦中与你投。
魂飞太行侧，魂渡汾水流。
遥憶客邸断肠日，离绪千端更万头。
吁嗟今汝成死矣，天乎命也吾谁尤，吾谁尤！
雨淋淋，蛩啾啾，特地愁，
灵輀十月莫逗留。
葬汝先人兆，埋汝一小丘。
九转解祭奠，汝子吾儿犹。
孩提贵抚养，吾尚可绸缪。
呜呼言有尽，汝果知也否？

贺乔李洗煤厂落成

——调寄小重山[1]

米中兴

乔李改革浪潮翻。
车快人更急，忙相看。
冬寒群贤不觉寒，
相关处，争先助波澜。

壮志冲云天。
图谋急不待，堪周旋，
创业难得半点闲。
奔小康，先苦后才甜。

乔李新景

景捷升

黑板报前

刚刷新的黑板报，
像艳丽的鲜花一朵。
招来蝶飞蜂舞，
迷住了姑娘小伙。

瞧那白发大娘，
满脸纹沟春光流。
看那花甲老人，
吸着“前门”翘胡乐。

披着朝霞的社员，

① 原载《临汾日报》，1992年12月22日。

这么早过来看什么？
林茂粮丰直线升，
串串数字串串歌。

小伙家有铮亮表，
三转一扭加“飞鸽”。
姑娘咯咯笑语飞，
议论光棍娶老婆……

文明街心的板报前，
像盛开着的一束束花朵。
人们聚来散去，
撒下了满街笑语满路歌……

老宅[①]

吕天赦

人间不将往事存，且向故里深巷寻。
翻新屋顶认老屋，破败石径猜旧痕。
窗前还是那般影，天上依然朵朵云，
唯有时光悠忽去，后辈个个皆成人。

新民歌二首[②]

王中央

屋檐下　树杈杈，金黄的玉米满院挂，
不是有心来夸富，家里着实装不下。

① 原载《山西师大学报（文史版）》，2008 年第三期。
② 原载《中国农民报》，1981 年 1 月 8 日。

金黄的玉米满院挂

星儿未落天未明，家家户户争出工。
自从实行责任制，下地再不听钟声。

◉ 散文

题仓院李氏家谱

〔清〕沈双鹤

先芬可诵，陆子之源远流长；祖德堪陈，谢公之后辉前烈。名称鼻祖，争夸培植之功；号曰耳孙，兢觏箕裘之迹。是知江淮河汉，无非昆谷之支流；枝节萌芽，悉属泉根之条干。吾友石绿李君，旧族燕都，徙居汾水。卢沟桥畔草迷故里，姑射山前桃护新封。系分东野，缘避祸而附陇西，远辞父宗，为迁移而随母氏。类作沈尤去水，非徒诸葛分宗。代有传人，世多哲士。花满河阳之县，杏成橘井之林。既思荷插，亦效干城。美不胜书，才难概笔。为惜中叶失稽黄渥仅同七世，最羡遗徽欲溯孟家已属三迁。公望公才胪列俱幸无譌，率亲率祖次第亦皆有序。杜氏宝田可匹，薛门磐石宜隣。子孙呼作珍珠，乡党尊为仓院。况石绿者，兰绘其芳，菊摹其秀。须皆捻断，费尽推敲，痒必爬搔，工谐兢病。黄河九曲定欲穷源，建木千寻究能探本。施德于前，收功于后。今朝庭征五桂，异日堂卜三槐。西河叶叶，陇石绵绵。为告采风，足供邑誌。

皆乾隆二十六年岁次辛巳四月上浣

天津　沈双鹤　拜撰

乔李的闪光之路

——来自乡村支部的报告 ①

宋巧珍

一条宽敞的机耕大道环绕乔李，四方延伸，路两旁腰杆粗的白杨遮天蔽日，整齐划一，宛若训练有素的卫队，迎接着远方尊贵的客人。

联合国杨树委员会的代表涉足过这条路，美国农业考察团，西德、日本、荷兰、新西兰等国家的各方专家也都慕名踏上过这条路，国务院林业部、省委、省政府的领导们也都在这条路上留下足迹。

这条路何以这样神奇？乔李人说：这是一条共同奔向富裕的社会主义之路。

乔李原本没有这条路，是老支书王运康带领群众开拓了这条路。

老祖先只给乔李人留下了村南七条黄土坡，村北旱地靠雨落，村东庙台瓦渣窝，村西沟底荒草多。坑坑洼洼8000亩土地，养不活大小4000口人。直到急剧变化的70年代，昏昏然熬日月的乔李人才睁开了自己的眼睛，在党总支书记王运康的带领下，开始从实际出发寻找出路。他们从平田整地入手，摊老坟，迁新坟，拆高补低，一干五年，全部粮田平整如镜；他们奋战100天打了100眼井，修了10000米防渗渠，使所有农田旱能浇，涝能排，亩产由一二百斤上升到四五百斤，彻底结束了吃返销粮的历史；他们10年营造速生丰产林2000亩，桐粮间作林3000亩，干鲜果经济林500亩，建成了以27条林带，道路为骨架的250块方田林网；他们办起了马场，猪场，牛场，机械厂、面粉厂，使集体企业从无到有，继而壮大。

这是一条弯曲的路，这条路曾经受过被震毁的考验

1982年前后，联产承包责任制在全国推广，复苏农村经济的春风也吹到了乔李。这8000亩土地怎么承包？总价值320万元的集体财产怎么处理？经过呕心沥血出力流汗日

① 原载山西《支部建设》，1990年第4期。

渐茂盛的速生林、果木林，那参差不一、错落有致的幼苗圃、成材林，还有那水利电力设备、大型农业机械又该如何经营？

乔李人密切关注着。当时的乔李公社党委和临汾县委的领导同志也苦苦地思索着。

有人提议：能作价的作价，能拆分的拆分，树木按人头分下去。

是的，42 万株树，4000 口人，人均 105 株。这样简单的除法，小学二年级的学生都会算。问题是集体家当分了以后，水利设施谁来维护？学校经费谁来开支？军烈属、五保户的福利救济有何保障？

党总支一班人眉头紧锁。

全村 4000 口人议论纷纷。他们面临着一场艰难的抉择。

最终，他们坚持了党的实事求是、从实际出发的优良作风，提出了“宜分则分、宜统则统、统分结合”的办法。

土地按人口划分口粮田、责任田，劳力多的可酌情承包经济田。

大牲畜、小型农机具分了。

队办企业也承包给了个人。

不宜分散经营的水利电力设施、大型农机具、四旁树木和公共房屋等价值 119.2 万元的固定资产，集体统一经营管理。

半年以后，承包给个人经营的机械厂机器卖掉，厂房倒塌；机制砖厂电线被偷，全面停产；面粉厂的机器倒还转着，只是由于质量下降，原先供应城市居民的面粉合同被对方中止，附近农村的村民也不上门磨面，生意冷清，几近瘫痪；骡马分到户以后，死的死、卖的卖、掉膘的、得病的，没有一头像样的。当年的创业奠基人、现地区绿化委员会副主任王运康看到此情景，心疼得直掉眼泪。他想着 5 元钱为集体磨出的第一块豆腐；想着自己走了两天一夜趟着没膝的水牵回第一头种马；想着数九寒天村干部们脱掉棉衣棉裤下井处理塌方；想着机械厂当年生产出小手扶拖拉机，全省农村机械化现场会在乔李召开的情景……

王运康坐不住了，他苦苦思索着乔李之路。凭着一颗赤子之心，凭着多年来建立起来的威望，他走访了每一个农户，每一位村干部，商议着乔李的偌大家业。

1987 年，新组建的党总支班子根据群众意愿，决定收回承包给个人的所有企业，强化管理，完善承包制度。他们取消了生产队体制，成立了工副业联合社下设园林、副业、工业 3 个专业，实行综合经营、专业生产的联产承包责任制。对经营规模大、效益高的面粉厂、砖瓦厂、木器厂，委派副村长担任厂长，由集体控制产品、产量、收入、利润、上交提留五大指标。把集体所有的果园、树木划分 10 个责任区和 4 个护林片，成立林业生产专业队，专人管理，定量报酬，当月检查验收，奖罚兑现。

管理责任制的严格执行，带来了良好的经济效益，当年所有企业扭亏为盈，起死回生，从第二年起逐年递增，迅速扩大，到 1989 年全村集体收入 280 万元，集体固定资产总值达 1000 万元，户均万元之多。

乔李人继续走他们的路，这条闪光的路将越拓越宽

在集体经济不断发展壮大的情况下，乔李村党总支又把注意力用在协调服务上，为农户组织全程服务。一是经营土地服务。从 1984 年以来，他们对全村土地承包实行五个统一：统一浇水，统一购买化肥，统一调剂优种，统一治虫喷磷，统一收割碾打，从根本上排除了一家一户生产中难以解决的困难。二是提供科技服务。他们一方面聘请农业专家现场传授生产技术，一方面培养出 130 多名各类专业的专家、技术员，成立了农业、林业、果树、土肥、园艺等五个专业服务和科技服务中心，引导农民科技兴农。三是大力发展农田水利建设。他们建成了一座小型机灌站，安装变压器 3 台，所有井渠全都成龙配套，基本上实现了涝河自流灌溉与农用机井灌溉“双保险。”为了增强农业发展后劲，他们又陆续购回推土机一台，拖拉机两台，农用汽车两辆，联合收割机一台，为农业再上一个台阶奠定了基础。几年来，乔李党总支对集体企业不断投资，先后办起了机制砖厂、木器厂、花卉园，还对部分企业实行了设备更新和技术改造，去年又投资 50 万元，办起了自已的龙头企业纺纱厂。

林业对乔李人来说，无论是过去还是现在一直是极受宠爱的产业。他们每年利用冬闲季节在河滩荒沟平田整地，来年春天植树造林，仅 1988 年一个春天就动土 4700 万立方米，栽植苹果、桃树 12000 株，建成了一个 300 亩的“龙年果园”，为乔李园林又添一“绿色宝库”。截至 1988 年，全村营林面积达到 5980 亩，植树 396000 株，木材蓄积量 26018 立方米，价值 520.4 万元，人均 1358 元，为子孙后代营造了一个取不尽、花不完的“绿色银行。”

乔李人充分利用农副产品资源，发展加工养殖业，先后办起联营企业 13 个，家庭小工厂 26 个，建筑工程队 14 个，涌现出商业、服务业、运输专业户 137 个，从业劳力达 1290 人，占劳动力的 77%。全村有 96 户，200 多人进入流通领域，从事商业活动。

乔李富了。物资的丰足带来了精神的文明。全村适龄儿童坐在宽敞明亮的教学楼里

接受小学、初中规范系列教育，考不上高中的还要进行为期二年的职业培训，教师每人浮动一级工资，还额外享受3～5元教龄补贴和其他福利待遇。如今的乔李家家有水管，街头有路灯，马路平展展，街旁花果艳，引人注目的村子中央矗立着的三层文化大楼，设有图书馆、阅览室、电视厅、游艺室。乔李的党员、青年、妇女各自占有着自己的活动阵地，电影、戏曲演不断，医药保健送上门。村里的红白理事会包下了乔李人婚丧嫁娶的大事情。

近几年，这个风那个风，都没有吹乱乔李人的心。为什么？因为乔李人有个主心骨。他们对党的信任没有变，走社会主义道路的方向没有偏，集体经济没有散，精神文明建设这一手没有软。难怪来这里参观的人们都为之深深感动。他们在这里看到了中国农村社会主义道路成功的典范，他们在这里坚定了社会主义在中国必胜的信念。

永恒的怀念

——追忆王运康同志[①]

周敬飞

流光如梭，眨眼间相交二十余年的老友王运康，已弃世半个年头了。

春节期间，我与亲翁王中央专程到乔李村看望运康同志的遗孀张青莲。尽管她儿孙满堂，过大年的气氛依然很浓，可我总像丢掉了什么一样，从一进村就觉得心头空落落的，怎么也振作不起来。目睹室内的陈设，物是人非，顿觉戚然。我恍若看见运康同志从悬挂于四壁的照片中向我们迎来，豪气如前，亲热如往。这满墙照片，记载着他辉煌的一生，也触发了我无尽的情思……

运康同志的人生历程是不平凡的。他家境贫寒，十余岁就负起家庭重担，16岁就投身革命，翻身搞土改，支前当民兵，带头走集体化道路。“文化大革命”中，作为村党支部书记的他，不受派性的干扰，带领全村群众苦干实干，大搞农田基本建设，修路、植树、打井、修渠、平田整地，从根本上改变了农业生产条件，使乔李村由一个“村大人多心不齐”的后进村，一跃跨进县、区、省的先进行列。改革开放后，他从当地实际出发，坚持统分结合，实行双层经营，走出了一条农村改革的新路，被树为全省农业战线20面红旗之首。他则接连荣获全国劳动模范、全国人大代表、全国绿化奖章等多项

① 原载《山西日报》，1994年4月27日。

殊荣，并先后担任临汾县革委副主任、地区林业局副局长、地区绿化委员会常务副主任等职。他不论在什么地方、什么岗位，时刻都心系着乔李村，乔李村的群众也始终把他作为自己的老书记，遇事总要和他商量。人们说起乔李村必然提到王运康，说起王运康也必然要提到乔李村，这两个名字已凝结为一体，几乎成了一个共名词。尤其令人难忘的是，1994 年 2 月 1 日，江泽民总书记亲临乔李村视察，兴致勃勃地写下了“坚持社会主义方向，走共同富裕道路”的题词，对乔李村所坚持的方向给予了高度评价和充分肯定。王运康同志对江总书记问话的精彩对答，经《人民日报》、《山西日报》、中央电视台等多家新闻媒体报道，一时在社会上广为传颂，乔李村也由此名扬神州大地。当夜凌晨两点，运康同志的电话把我叫醒，他问我看到电视了没有？详细叙述了当时的情景和他的心情，足足讲了 30 分钟。从电话中，我感受到了他的兴奋之情，更感受到了他对乔李村的深厚感情和为之奋斗终生的信心与决心。临汾地委在他的生平简介中称：“他永远走在时代大潮的前列，代表着当代农民在党的领导下前进的方向，是杰出的党的基层工作者，是公认的农民政治家。”这个评价是实事求是的，客观公正的，运康同志应当受之无愧。

运康同志身材魁梧，刚直豪放，处事果断，助人为乐，颇具燕赵侠义之风。别看他识字不多，讲出的话却是有板有眼、有理有据、幽默风趣、哲理性很强。他具有长者之风，在朋友间威望很高，大家都尊称他为老哥，每次欢聚首席座位非他莫属。我与他无话不谈，情同手足。1997 年 10 月他突然患病，态势较重，我与周怀宝、许锁子等好友及其子女当即陪他到北京 301 医院去手术治疗。在等待入院期间的一天，他和我竟日畅谈，不肯休息。谈话中，他对自己审视甚严，似乎在对自己一生的功过是非在进行自我鉴定、自我总结，对一些问题还放在历史和当今对比的高度来分析认识，既辩证又唯物，具有一定的社会穿透力，给我的印象极深。这使我对他的身世和内心世界有了更深刻、更细致的了解，同时也隐隐约约有点不祥之感，直觉得心酸。没想到他出院不到一年，竟真的离开了我们，他走得那样急速，那样决绝，子女们竭尽全力也未能挽留得住，在漫长的人生道路上他只度过了 67 个春秋。我每当想到与他兄弟般的相处一场，从此却天人两隔，能不悲哉！

他去世后，山西省委、省人大、省政府、省政协分别发来唁电、送来花圈，临汾地委、行署、市委、市政府的领导几乎都到家吊唁，乔李的村民含着眼泪为他送葬，我听到几位老农喃喃地说：“运康啊，你不能走，你是咱乔李的顶梁柱、带头人，乔李村不能没有你啊！”言者动情，听者心碎，运康同志，你如九泉有知，当应自慰，人生一世能赢得这样的口碑实在是不容易啊！

生命不在长短，而在质量。运康同志的一生是完整的一生，是善始而又善终的一生。他在人格和事业两个方面，都给今人和后人留下了永不磨灭的丰碑。

清明节刚过，运康同志的冥寿之日将临，我在默默悼念他的同时，噙着眼泪写下了这篇追忆小文，权当一瓣心香，遥奠故人。呜呼，运康吾兄！

1994 年 4 月于山西太原

临汾乔李机场通航在即，为机场赋[①]

梁明

今临汾，古平阳，西挽滔滔黄河，东倚巍巍太行，中抱悠悠汾水，周绕翠岭叠嶂，宝地如盆，其瑞天赏。追远古，帝尧建都，文明发祥，华夏根脉，繁衍八方；抚今朝，改革开放，各业荣昌，发展益健，百姓安康；悦此时，宝盆一隅，乔李之壤，机场落成，波音起航。仰银鹰翱翔，惊长风作浆；念创业履艰，乐成就堂堂。

俱往矣，2008 谋就篇章，临汾民航国家立项。创业之初，裸土持黄，春来草禾四野，冬至遍地雪霜。临汾欲腾飞，天道要通畅，时代在召唤，人们在期望；市委布全局，政府倾力上。恰人杰地灵，虎卧龙藏，大任降于斯，麾下有战将；勇者杨集生，受令敢担当；多路才俊聚，团结共图强。历七载风雨，寒来暑往；度两千日月，昼夜兼忙；尽万里奔波，苦辛难忘。有志者可举大业，有为者能易沧桑。一幅建设蓝图，诚招精锐力量；创优二字为纲，汇来能工巧匠；昨夜机声隆隆，朝起崭新气象。拓地三千亩，夯土百万方；斥资十三亿，建成新机场。

雄关漫道堪回首，心潮起伏慨而慷；祈愿飞天五千年，化蛹为蝶圆梦想。

新机场，喜观望，大道宽阔，通行坦荡；园林如画，入境心爽；航站似鹏，展翅欲翔，壮哉，美哉！激情飞扬。

不禁感曰：尧时星月今犹在，遥看空港更闪亮；秦皇汉武曾开疆，若知通航不筑墙。吾辈欣逢盛世，自当奋斗不息，潮头博浪，推进复兴，意气昂扬，誓让临汾更辉煌！

① 原载《临汾日报》，2016 年 1 月 18 日。

◉ 序跋

河东孙氏家乘序

〔明〕孙侍先

尝谓传家之道继述为大。莫述乎前，虽美而弗传矣；不继于后，虽盛而弗彰矣。吾氏晋尧都世族也。居汾水之东，太岳之南，古名乔李镇。其先代肇自轩辕公孙氏，历年久而畿泯其迹，惟老墓碑誌尚存。迨自皇明太祖御世，有敕命镇守汾州卫大将一员，讳孟期者，编户为天井乡利泽都乔村里二甲人也。幸先人以忠孝传家，积德累仁，子孙绳绳，耕读继世，衣冠济济，亦云一乡之伟族也。不肖忝为后裔，诚恐年远而失其宗派，日深以迷其亲疏，特复为此家谱以誌之。

时大明嘉靖十三年岁次甲午姑洗上浣吉旦

不孝孙岁贡士侍先沐手顿首书

重修李氏家谱说

〔清〕李湛

窃维家之有谱，犹如木之有本，水之有源也。世远年湮，子孙蕃衍，支不能不分，派不能不别。若漫无所稽，而探本穷源者，将何所据，以区别亲疏远近乎？所以自古来，往往有过古墟而不思敬，入里门而不下车者，殊不知敦伦睦族乃人□□事世□□察无谱者不订，有谱者不修，惟苏黄当日倣国史邑乘章法，信笔直书，不夸张，不隐讳，次第铺排，条分缕析，燎若指掌，诚可为千古作谱之范围。湛于过庭请训时见先大人正襟危坐，检阅家乘，湛侧立逐篇参看，见其履历支派，明晰精祥，颇有苏黄遗意，但考其年分月日，自始祖迁居以来，仅载明十世事迹，十世后竟未鳞次编纪。当经先大人持谱示曰：此李氏宗谱也，自始祖本良乡携来原谱，另新参订后，几历四百余年，父传于子，子传于孙者十余代矣。屡经修辑，其图画胎穆，坟冢罗列，并迁徙原委，祖孙名讳，凡有关于后人考查者已详且备矣，毋庸更张，惟现在未征必载，无征宁缺毋滥。湛唯唯退，谨按原谱原序，将本支另订新谱，以副严命。查李氏原籍乃直隶良乡县人，本姓周，后改为李，因元末明初，烽火告警，良乡逼近幽燕，太祖父捐馆后，始祖年甫弱龄，母子形单影只，朝夕相依，本族虽有亲，彼此不能相顾，幸家资颇饶，大舅公协镇西安，家居者尚有司马二舅公，随将所有产业并宦囊资财，尽托二舅公照管。当即令始祖同往西安协署暂居。不意行至洪洞，已闻大舅公有左迁之事。彼时同往者老仆周珩、仆妇刘氏并衣箱内带有珍珠两匣，家谱一册，不得已顺道来至临汾县乔李镇北门内社仓西觅小院一所，母子暂居。复命周珩兼程至良乡探听舅公信息，而舅公家产已全行抄没，连太祖母寄托产业亦被株连抄没矣。兄妹情切哽咽者经旬，当嘱始祖曰：我辈无家可奔，籍此地为栖身之所可也。复出资将仓西小院议价置买。赖有珍珠陆续变价以供薪水。老仆仆妇尚觉忠诚，堪以驱策。至今人呼为

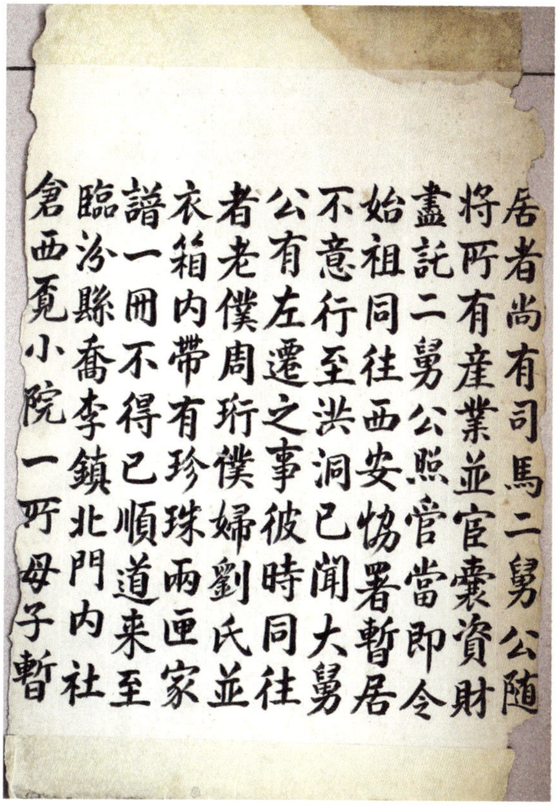
居者尚有司馬二舅公隨
将所有産業並宦囊資財
盡託二舅公照管當即令
始祖同往西安協署暫居
不意行至洪洞已聞大舅
公有左遷之事彼時同往
者老僕周珩僕婦劉氏並
衣箱内帶有珍珠兩匣家
譜一册不得已順道来至
臨汾縣喬李鎮北門内社
倉西覔小院一所母子暫

李湛《重修李氏家谱说》（节选）

仓院李家、珍珠李家者，职此故也。厥后即以太祖母携来之子讳能者，尊为始祖。其宗派坟墓、迁徙前谱经绘图注说，可资考覈。湛不过仍因其旧，续先人之未续，以补先人未竟之志，修则有之，敢言订乎！所有修谱条款详列于右：

一、家谱宜分明支派，挨次经载入谱乘者须照入无遗。但族内丁繁户多且星散各处，如八世则有迁居本县侯村之兆龙祖，外省邢台之从龙祖，五世则有迁居本府赵城之仲良祖，本省太原之仲仁祖，焉能一一考覈，代代搜罗，倘少有遗漏舛错即为缺典。古人云，族有大小，家有兴衰。传之数十代数百代后，有载纪，俾后世子孙展谱即知，某系某支，某系某派，远近亲疏，井井不紊，方无负作谱之本意。从前原谱分析虽清，而头绪尚烦，今倣河图一本，万殊仍归一本之意，绘本支宗图，以便后人披览。

一、家谱宜注明坟茔，俾后世子孙，展谱即知，某茔系某合族老坟，某茔系某支祖坟，以便春秋拜扫，各展微诚。倘其中有子孙迁居他乡而坟墓仍在原茔者，亦必注明此

冢虽子孙已迁某处，各念一本之谊，同尽亲亲之道，一并祭扫。

一、家谱未便丝毫文饰，即如子孙有无亦人情之常，无子孙以本宗承继可也。断不得假异性而乱宗支。即或间有本宗无可继之子孙，不得已而作爱继之想，亦必于谱注明某系继子。

一、李氏家谱，各支俱有，其中有案旧谱重修者，有做旧谱另订者，亦有各按本支谱订者，良由族大支烦，不能画一。今湛修家谱，各仍其旧，不敢少涉臆见以失本来面目，惟族众散居各处，无凭查考。止叙本支，不能逐户访查，勿谓湛简而不详也。

皆康熙四十年清和月望

后十世湛重订（印章）

白马城乔氏宗谱序

〔清〕乔荣祖

予族世居临汾县东北乔李镇。人丁颇繁，见于谱者凡四十代。先祖圣也公支属迁居城东关厢。雍正己酉，余叨入邑痒，先君玉环公命之曰："人贵敦本，子幸列

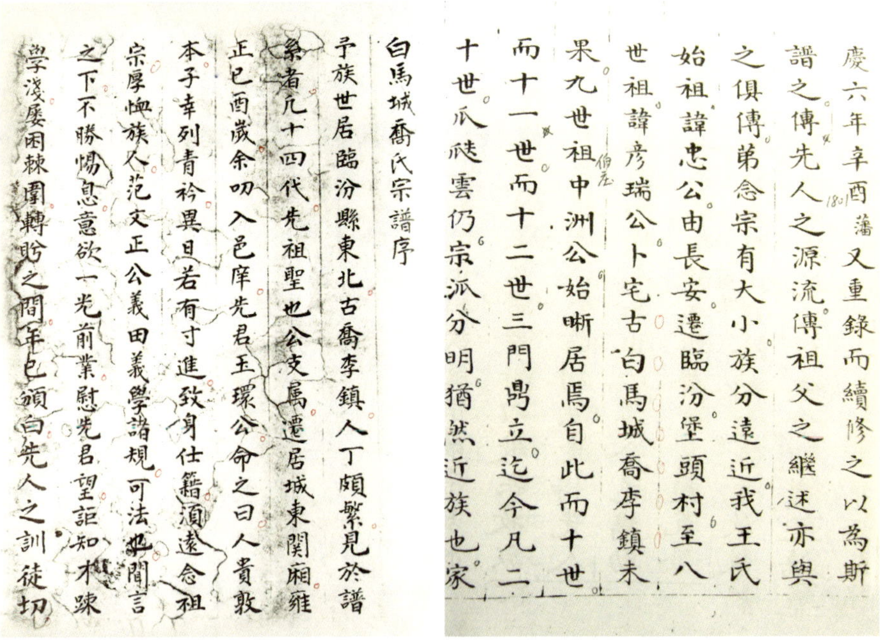
慶六年辛酉藩又重錄而續修之以為斯
譜之傳先人之源流傳祖父之繼述亦與
之俱傳弟念宗有大小族分遠近我王氏
始祖諱忠公由長安遷臨汾堡頭村至八
世祖諱彥瑞公卜宅古白馬城喬李鎮未
果九世祖中洲公始晰居焉自此而十世
而十一世而十二世三門冎立迄今凡二
十世瓜瓞雲仍宗派分明猶然近族也家

白馬城喬氏宗譜序
予族世居臨汾縣東北古喬李鎮人丁頗繁見於譜
系者凡十四代先祖聖也公支屬遷居城東關廂雍
正己酉歲余叨入邑庠先君玉環公命之曰人貴敦
本子幸列青衿異日若有寸進致身仕籍須遂念祖
宗厚恤族人范文正公義田義學諸規可法也聞言
之下不勝惕息竟欲一光前業慰先君望詎知材疎
學淺屢困棘闈轉盻之間年已須白先人之訓徒切

白马城乔氏宗谱序

青衿，异日若有寸进，致身仕籍，须远念祖宗，厚恤族人，范文正公义田义学可法也”。闻言之下，不胜惕息，意欲一光前业慰先君望。讵知才疏学浅，屡困棘围，转盼之间年已颁白。先人之训徒切怀来，而崇祖睦族之典贮为空谈矣。乾隆戊寅岁拜扫先茔，因与族人约：生子者出资，嫁女者出资，入泮捐监及乡会者出资，定为则例，敛取余财，积少成多，庶将来可为祭田、义田之基。族人咸曰可。既有成规，遂又取旧族谱而增续之。详其支派，记其生卒，先人垂留不至湮没，后人继起有所稽考。以吾祖积德之久，培植之远，料必有乘运叠兴光大门闾，将予所未能践行者，宁不终践于子姓哉！

旹乾隆二十五年岁在己卯三月吉旦

十四世孙邑痒生荣祖敬志

重修河东王氏宗谱序

〔清〕王之藩

闻之亲亲，故尊祖。尊祖，故敬宗。敬宗，故收族。收族，故宗庙严。家谱者，所以敬宗收族也。溯自十世祖绕溪公，访询族老，得先人所传源流图，而我太高祖心溪公遂镌勒成谱，用垂不朽。宗绪之传，肇此矣。越乾隆四十三年（1778），经先严山樵公续订。承先启后。厥有厚望。前序已述之详，毋庸复赘。迨嘉庆六年辛酉（1801）藩又重录而续修之，以为斯谱之传先人之源流，传祖父之继述，亦与之俱传。第念宗有大小，族分远近。我王氏始祖讳忠公，由长安迁临汾堡头村。至八世祖讳彦瑞公。卜宅古白马城乔李镇未果，九世祖中洲公始晰居焉。自此而十世而十一世而十二世。三门鼎立。迄今凡二十世。瓜瓞云仍，宗派分明，犹然近族也。家谱之修，是不可不与三门公共之。庚午夏，与族侄必发，叙及此举，意甚踊跃。是年秋，必发将赴扬州。遂嘱装家谱三大套，以备重订。俟告成之日，三门各存一谱。次年辛未秋，藩在介休司训任所，公事之暇，从新续辑，较前加详庶。有合于敬宗、收族之谓。惟是宗祠未立。藩犹有隐憾。如我三门中子子孙孙同心协力，择一吉地建祠告礼，拟自乔镇支祖彦瑞公始。至十二世祖士麟、士风、士彪，其余各门应祭四代。自立祠堂随时享祀，岂不盛哉！

旹嘉庆十六年岁次辛未菊月中浣

敕授修职佐即介休县儒学训导十六世不肖孙之藩薰沐谨序于绵山学署

《黄土地的骄傲》序

郑社奎[①]

时间过得真快，不知不觉间王运康同志离开我们十个年头了！近日临汾有同志来，说要为王运康同志出一本纪念画册，嘱我写序，欣然从命。

王运康同志是一个使人不能忘怀的人，和他一接触就能给你深刻的印象。我与运康相识是在二十世纪七十年代初我调回临汾地委工作，乔李是地委的点子，我们常去下乡，一来二去就结识了王运康。他给人印象就是那种典型的农村干部形象；高大魁梧的身材，真爽的性格，响亮的嗓子，爽朗的笑声，风风火火，干脆利洒，一接触他，就让你相信，这人一定能做好工作。后来，去乔李多了，才知道，王运康的工作做得就是好，他把一班人和干部群众团结得像一个人一样，全村上下有一股朝气，有一股正气，每项工作都能落到实处，在农村能做到这样真是不容易！在工作中，我们对王运康有了更深的了解，发现了他与外表完全不同的另一面，就是他是一个十分细心的人，思维十分缜密，每项工作都安排得十分周到，对每件事都经过深思熟虑。这样时间一长，地委的同志们，上至领导下至一般干部都觉得乔李这个点是成功的，是能够长时间坚持下去的，其根本原因就是对王运康的信任。当然，王运康也没有辜负大家的信任，乔李的工作始终走在全区乃至全省农村工作的前列。

王运康同志是一个可以信赖的人，不但在工作中可以信任，尤其是在为人处世上也完全可以信赖。他待人接物极具亲和力，能与各个层次各个类型的人交成朋友，结为知己，与你无话不谈。无论多高的领导他似乎都能与之平起平坐高谈阔论。也无论是专家、记者、知识分子，也都能处得十分贴心长期来往不断。而对地、县委一般干部到乔李去，他也能像对地委领导一样接待你，使人感到十分亲近亲切。在我调来太原以后，每次回临汾，总忘不了去乔李看一下运康。他有事来太原，也常来家坐一坐，总要把乔李的情况讲一番，也把天下大事或身边琐事聊半天。他是一个事业型的人，一心一意扑在乔李集体事业上，有时需要我向有关部门说个话，打个招呼，我岂能不照办！他有时来捎些家乡的绿豆、苹果之类，我也不能拒绝，告别时我送他两条烟、一盒茶叶什么的，他也爽快地拿上，从不言谢，常使人感到这种真挚的友情，这样的老朋友真是非常

① 郑社奎，临汾市尧都区人，曾任临汾地委组织部副部长，山西省委常委、组织部长，山西省委副书记，省政协主席。

舒心。特别是在政治运动中，王运康的表现和作为，不但可以说是值得信赖，简直应当说值得钦佩！他与地委的很多人都熟悉，但在政治运动中，他保持清醒，拒绝介入，并且坚持不允许把乔李当作棍子去打人，这一点真是不简单，不仅可以看出他的为人和品质，而且表现出成熟的远见和胆识。

王运康是一个值得纪念的人，十年前他去世的时候，我闻讯非常震惊，准备放下手头的工作，马上回临汾参加追悼会，不料突然有要事离不开，只得给临汾的同志打电话，请代我向运康吊唁致哀，并慰问他的家属。为此深感抱憾，这样一个好人走得太早了！

十年后的今天，大家来纪念他，可见他的影响深远。我觉得运康同志的确是一个值得纪念的人，他政治上的坚定性和敏感性，他在长期实践中磨砺出的政策理论水平，他高度的事业心和政治责任心，他坚忍不拔的工作精神，他高尚纯洁的思想道德品质，他纯朴诚挚的人格魅力都使我们内心折服，值得我们学习。在此，我们寄希望于乔李村的干部群众，要把王运康的精神发扬光大，把乔李村建设得更好，永远走在农村工作的前列。同时，又使我联想到，建国几十年来，我们山西农村涌现出许多杰出的劳动模范，他们和王运康一样全心全意听党话跟党走，认真落实党在农村的路线、方针、政策，在历史的各个阶段为党的农村工作做出来巨大贡献，他们公而忘私，艰苦奋斗，只讲奉献，从不索取。如今他们大多数已经离开了我们，我们不应该忘记他们，也应当永远地纪念他们。今后，在农村工作中也应当注意重视农村基层干部的工作条件和生活待遇——这是题外之话了。

在纪念王运康同志逝世十周年的时候，回忆往事，写了上面这些话，寄托我们的怀念，权为序。

2008 年 9 月 23 日

◉ 楹联

背霍临涝葱郁河山隐秀气；
西欧东亚晦暝风雨发天真。

——乔李镇县立第六高小大门联（1919 年）

党恩浩荡国强民富；
民风淳朴时和岁丰。

——乔李常青园照壁联（1986 年）

半百沧桑，粉墨春秋，无愧梨园楷模；
高山流水，雄姿雅韵，堪称群众知音。
——王运康贺蒲剧名家张庆奎先生舞台生涯50周年联（1989年）

九十年风雨人生刚正仁慈人钦敬；
半世纪投身革命无私奉献传美名。
——乔李村委会祝老模范、老党员，烈士母亲张桂香九十寿辰联（1997年）

教泽绵长，如春蚕织出学子锦绣前程；
师德深厚，似蜡炬照亮青年光明大道。
——乔李村委会祝席吉庭八十大寿（2015年）

民航通天下，乔李迎来好机遇；
空港汇万商，古镇再创新辉煌。
——庆祝临汾民航机场通航（2016年）

泉涌清澈源流远；
林深蓊郁松柏青。
——乔李村委会祝吴泉林八十大寿（嵌名联）（2016年）

爱情忠贞，情操纯洁，莫羡燕雀恋小巢；
青春火炽，志向高远，当效鸿鹄以高翔。
——贺婚联

非郎才女貌，但无愧劳动人民本色；
无盛宴佳肴，却体现节俭朴素新风。
——贺婚联

太岳山誓，浦江海盟，千里姻缘结同心；
北国才俊，江南佳丽，百年好合偕白头。

——贺乔李青年与上海姑娘新婚

云鹏腾飞万里志；
劲松高洁千秋情。

——贺云鹏、劲松新婚（嵌名联）

雨后复斜阳，重阳黄花分外香；
秋日胜春朝，登高诗情上碧霄。

——贺老年再婚

想当初人生如梦；
喜今朝破镜重圆。
横批：悲欢离合

——贺离异后又复婚

喜上层楼，励志常诵茅屋歌；
乔迁新居，慎独自吟陋室铭。

——贺乔迁

楼宇辉煌，国兴、家兴、事业兴；
新居焕彩，福旺、财旺、人丁旺。

——贺乔迁

数平生事业，带全村人奋斗四十年，终教乔李换新貌
最精彩之笔，与总书记精辟一席话，顿使神州传美谈

——周敬飞、郭英志　挽王运康

一世风浪献忠心，生前争来几多红旗，丰功丰碑垂青史

九泉安眠含笑意，仙逝留下无量高风，大名大节励后人

——米中兴　闫苏　挽王运康

坚持社会主义，至死不渝，开创乔李新模式，荡荡乎，为中国农民争气

坚信共产主义，公而忘私，树立当代新形象，拳拳也，是华夏男儿典型

——黄道恕挽王运康

文革岁月，带领乔李众乡亲，排除左的干扰，艰苦奋战，努力拼搏，斗天斗地，壮大集体经济，雄踞平阳榜首，夺得三晋农业红旗，一颗丹心忠党爱国，显赫功绩，永垂年鉴史册；

改革年代，团结总支一班人，克服右的倾向，实事求是，独尊真理，敢分敢统，坚持共同富裕，率先奔向小康，树起九州农村典范，两袖清风奉公为民，浩然正气，常留天地人间。

——甄作武挽王运康

◉ 杂记

“景疯子”借款　景仙洲（1887—1977），是临汾一带著名的抗日英雄，他组建的抗日游击队“景支队”曾受到朱德总司令的赞扬。由于打日本打得狠出了名，本地群众叫他“景疯子”。

抗战前，乔李一带就大量种植烟叶。乔李的大地主王文相不但是种烟大户，而且在自家场里建有烤房，收购、烤制、贩运烟叶到太原。

1939 年秋，王文相贩运烟叶赚得 2800 银圆，这可是一笔很大的款项。当晚，常在他家打短工的“老班”敲开他家的门，随着闯进来几个生人，来人向王文相递上景疯子的一封信，原来，景仙洲抗战前在临汾城里教书，而王文相曾担任过乔李高小（县立六高）的校长，他们算是老相识。“景疯子”在信中写道，“闻悉老兄今天收到贩烟叶一笔巨款，小弟急需购买抗日军火，请尊兄借贰仟捌佰元，待日后赶走日本人，一定加倍偿还”云云。王文相一看景仙洲连他收到多少钱都知道得一清二楚，又见来人那架势，就

知道他的四合院内外上下都已布置了游击队员。王文相是个“明白人”，只好“痛快”地拿出下午才到手的全部烟款“借给”了“景支队”。

过后，王文相才发现近一两年住在他家不远的乔家院里的那位常给他家打短工的那天晚上带着游击队敲门进来的“老班”再也不见了踪影。想不到“老班”居然是“景疯子”安插到乔李坐地的探子。而这乔家过继的儿子就是景仙洲的本家侄子。

高维岳缉毒 抗战期间，日军侵占乔李，民不聊生，毒品泛滥，乔李受毒品危害者不下二百人，人们称其为“料子连”。驻扎在东城门楼上的伪警备队，公开说禁毒，背地里他们的家属或便衣队却在贩卖毒品，他们常常捉拿“料子鬼”“大烟鬼”，严刑拷打诈其财物，这些“料子鬼”都是一贫如洗，哪有油水，他们就交给村公所，让村长“处理”，要村公所向他们要钱，实际上逼着村公所替这些“料子鬼”出钱。村长高维岳又气又恼，便让村警王菊亮和村里自卫队留心。有一天，一个便衣队的人从城里带来毒品卖给前街十字里“跛跛婆婆”（是村里公开的贩毒窝点），这下让自卫队逮个正着，几个自卫队员将此人押到村公所，高维岳开始审问，此人恃仗后台，一口否认，高维岳大怒，喝声“捆起来！”，王菊亮等人早已备好，立马将其五花大绑，一绳捆得他满头虚汗，连连告饶。只得依实情悄悄哀求高维岳，说他是便衣队的人，高维岳说便衣队还能知法犯法，当场从其身上搜出30大洋。此时已惊动东城门楼上的警备队，高维岳也不久停，即压着此人送去警备队处，在大街东头正遇着警备队的头儿前来接人，高维岳说，这个毒贩冒充便衣队的人，请队上“处理”，搜出30个大洋，村里扣罚15元，另15元交给队上。让警备队无可奈何，此后便收敛多了。

孙炳文挨饿 解放战争期间，乔李的“民兵剧团”，成了临汾县民主政府的“专业”剧团，在解放区各地巡回演出。1947年秋有一天到太平头村演出《白毛女》，看戏的除附近村里的群众外还有驻此地的太岳军区警卫四团二连的战士。戏演得很好，演员入戏，观众也入戏了，看到地主黄世仁、狗腿子穆仁智还有黄世仁母亲那个地主婆，步步紧逼逼迫残害杨白劳和喜儿父女时，台下一个战士难掩气愤，举起枪要向台上的地主射击，这时台上慌忙落幕，警卫四团的政委出来，立马命令战士全部起立，给大家说这是演戏，命令所有战士都退出枪里的子弹，才接着演出。

演完戏卸了妆，演员被分派到群众家里吃饭。演员孙炳文被派到一个老太太家，老太太边做饭边夸你们的戏演得真好！还说那个地主婆如何毒狠地用簪子猛扎喜儿，孙炳文说，“老婶子，那个地主婆就是我演的”，老太太听说一下子就翻了脸，大骂孙炳文，

“你的心怎么能这样歹毒！我看你就不是个好东西！今天你别想吃我的饭”，孙炳文说：“老婶子，那是演戏哩，我是个好人！”老太太说，“好人就不会演得那么坏”，拿起笤帚就要打，任孙炳文如何辩解，老太太就是不信，说另换一个演好人的来他们家管饭，把孙炳文赶了出来。因此孙炳文只好挨了一顿饿。

小羊与幼树 1971年夏天，一个小伙子下工路上，看见一只小羊把一株小榆树啃断，顺手抄起一块砖头砸去，不偏不倚正中小羊头部，倒地死亡。羊主不依，告到大队部。总支书记王运康眉头一皱，心生一计：让人把榆树和小羊展示在大队外的大街上，并请一位教师写了两段文字。

其一：

榆树诉苦

我本是集体育来集体栽，
立大志要为集体长成栋梁材。
可是有些人，私心重，又狠又贪，
又揪叶又折枝，还把羊栓，
皮啃光，骨折断，把小命摧残！
哎呀呀，请来看，多么可怜……
我要诉苦，要和大家一起来批判！

其二：

小羊喊冤

我只啃了树却送了命，想来真冤！
怪只怪主人家私心重，目光短浅，
偷苜蓿，折树枝，尽把集体便宜沾。
只想挤奶赚钱，不看方向路线，
可怜我到头来，奶挤干，头打烂，
送了命，实在是悲惨！
主人呀，从今后，切莫再自私心贪，
一心为公，集体发展才会有生活香甜！

晚饭后，大队高音喇叭一叫，各生产队干部、社员代表来了二三百人，王运康让大家看一看，评评理该咋办？第二天，乔李的田间地头、家庭院落，人们议论纷纷，展开了一场大讨论。有的说羊啃断树该赔，打死羊也该赔，二者相抵，扯平了；有的说羊啃树是危害集体利益，打死羊是维护集体利益，只是失手致死，性质不同。王运康综合群众意见做出结论：打死羊该赔，折断树也该赔，打羊是出于公心，热爱集体，应该表扬，集体代为赔羊；折断树是危害集体利益，应该批判，并要求赔栽两棵树。羊主人自知理亏，主动去补栽了树，也没去大队讨钱。通过这样一件小事，对全村群众进行了一场广泛深刻的教育，从此在全村形成了爱护林木的风气，再也没有人损坏树木。

在运动中 1976年冬天，粉碎江青反革命集团以后，从上到下开展了“揭、批、清”运动。长期在乔李村蹲点的地委常委、宣传部长郭璞无端被打成江青反革命集团在临汾地区的代理人。一天傍晚，地委宣传部的几位干部到乔李搜集郭璞“篡党夺权”“反大寨”的材料，说第二天地委要开批斗会。王运康时任乔李公社书记还兼任乔李大队书记，面对几位老熟人，他说：“你们在机关整天在郭璞手下工作，也跟着郭璞来乔李下乡，郭璞的为人和工作，你们比我更清楚，郭璞要‘篡党夺权’是要在地委夺权，这材料要在地委搜集。他没有在乔李‘篡党夺权’，乔李人也不知道他‘篡党夺权’的事，只知道郭璞在乔李是真学大寨，从来没有反大寨！”地委的人一无所获走了。接着，县委书记也派人来，说第二天书记要到地区开批判会，到乔李搜集一些给郭璞的“炸弹”。王运康笑着对来人说，咱们书记是郭璞的老部下，对郭璞最了解，郭璞的事比咱们知道的多得多，还用来乔李来找“炸弹”吗？他斩钉截铁地说，告诉书记，即使郭璞罪大恶极该开“砖头会”，也不会有乔李的一块半截砖！后来一位地委领导当面对王运康说，乔李要批郭璞，应该表个态。王运康顶着巨大的压力，坚决不批。他横下一条心，即使不当模范，不当典型，也不能干这种事。

到了1978年年初，“揭、批、清”的大火又烧到临汾县。前一段还表扬临汾县是学大寨先进县，没过几天县委主要领导“李、李、韩”就被打成“反大寨的恶势力”。王运康清醒地对周围同志说，咱们要当工作中的积极分子，决不当运动中的积极分子。这时，他已当选全国五届人大代表，正要赴京参会，他安排乔李公社和大队同志不要在批判会上发言，也不要贴大字报。在这种政治运动的风口浪尖上，充分表现出其人品和胆略。

无垠麦田丰收在望

大事纪略

◉ 西魏王豹建白马城

西汉高祖元年（前 206），项羽徙魏王豹为西魏王，西魏王豹在此筑白马城。此乔李为白马城之始。

◉ 北魏置禽昌县

北魏神䴥元年（428），魏太武帝拓跋焘擒获夏主赫连昌，为记其战功，在白马城置禽昌郡。后罢郡为县，历东魏、北齐、北周，至隋大业二年（606）改禽昌县为襄陵县，禽昌为郡、为县共存 178 年，治所在白马城近 100 年。故乔李又称禽昌城。

◉ 隋置西河县

隋开皇初，于白马城置西河县（即 581 年之后几年，其实自东魏之后即侨置于此）。至唐贞观十七年（643）省西河县入临汾县。此为乔李之地入临汾县之始，共为县治 60 多年。

◉ 明清为乔李镇

明嘉靖十三年（1534）《河东孙氏家乘》已称此地为“古乔李镇”。明万历十九年《临汾县志》载，古白马城地为天井乡利泽都乔村里和李村里，并记乔村有堡。清康熙十二年（1673）《临汾县志》载，乔村里与李村里已合称乔李里，属利泽都。

◉ 明末兵燹

明崇祯二年（1629）冬，“翻山鹞”聚众起事，杀掳河西一带，平阳卫指挥王章率武生快壮卫军征剿不克。起义军攻临汾城，临汾令周文斗守御甚严，“盗不能犯”，“翻山鹞”东掠乔李镇，转至沁源。

崇祯十六年（1643），贺人龙伏诛，其部属在潞安哗变，参军魏镇虎率军直抵平阳东北乔李镇，城守戒严，游击柳同春迎敌，斩二侦，贼会军门，差官抚之，遂降。

崇祯十七年（1644），李自成起义军过临汾，乔李巨富、诰授兵马司指挥王师旦，助饷急国难的军饷，率众抵抗，不屈而死。

◉ 1936 年红军东征到乔李

1936 年 3 月，红军东征到乔李，发动群众打土豪、分浮财，扩大红军，乔李村进步青年高维昆带头参加红军，王吉宗、杨白前、薛克俊、李天运、吕来成、田锁儿、田末儿、李金斗、李铁毛、李吉祥等 20 多名青年参加红军。红军走后反动豪绅和阎锡山当局疯狂反扑，将贫苦农民骨干和闾长李德安、李成仁、李长龙等 24 人抓到临汾城内关押 40 余天，折磨二人致死，其余人后被乔李村民花钱营救出狱。

◉ 1938 年日本侵略军把乔李变成一座大监狱

1938 年 2 月 27 日（正月二十八），日本侵略军自东北方向侵占乔李，当晚放火烧毁乔李村女子小学南讲堂。之后日军把乔李据为其重要据点，日军驻扎在东城门外梵王宫，修起十几米高的炮楼（碉堡），围起铁丝网，挖战壕。伪军警备队驻扎在东城门楼上，特务系便衣队驻在后街钢渣楼内，把乔李七座城门封死五座，群众种地只能从东西二门出入，还要搜查，日伪每天要村里派人供他们米、面、肉、菜、柴，专派二人给他们挑水，村里的鸡几乎被他们吃完，喂骡马的人还得给他们支“飞差”。他们在村里横行霸道，胡作非为，真正把乔李变成一座大监狱。

◉1945 年乔李解放

1945 年 8 月 6 日晚，八路军汾东支队（景支队）向日军发起进攻，日军逃入临汾城。13 日东城门楼上警备队 50 余人向景支队缴械投降，钢渣楼里的特务系如鸟兽散，七年半的日伪统治结束了，乔李人民获得解放！

◉1953 年合作化运动

1953 年冬，乔李村北街初级农业合作社成立，李怀奇任社长。1954 年冬，后街农业社和前街农业社成立，王运康、李生德分别任社长。1956 年 2 月，乔李村与南侯村联合成立“五星”高级农业生产合作社，全部农户加入。黄兴智（南侯村人）任社长，高明任支部书记。

◉1958 年乔李是晋南专区农村通电第一村

1958 年年初，乔李乡与屯里乡联合开挖幸福渠，全长约 9 千米，经过六级提水将汾河水从韩村引到乔李，但由于代价太高，只有三级提水受益。乔李处在最末端虽无法受益却将 10 千伏配电线路，从临汾电厂架设至乔李村，全长 23 千米，第一次向农村供电乔李成为全晋南专长农村用电第一村，街上安装路灯，家家户户接上电灯。

◉ 1958 年人民公社化运动

1958 年 9 月 1 日，临汾县实现人民公社化，全县成立 5 个人民公社，乔李“五星”高级社加入红旗公社，接着改为红钢公社、平阳公社。1959 年 3 月，大社化小，乔李属屯里公社。1961 年 5 月，再化小为乔李公社。历经三年，落实“农村人民公社六十条”才把“三级所有、队为基础”的体制稳定下来。

◉ 1958 年修建洰河水库和曲亭水库

1958年7月1日，临汾县修建洰河水库，乔李派出300劳力参战（最多时达600人），至 1961 年 3 年修成，乔李不受益。

1959 年 12 月，洪洞县修建曲亭水库（在乔李东北，相距 10 余千米）将乔李划入灌区范围，乔李派出 300 多劳力参战，至 1960 年 6 月完工，之后由于乔李地处灌区末端，加之渠道不畅很少受益。但曲亭水库修成后，乔李地下水位明显上升，为乔李后来人工打井创造了条件。

◉ 1982 年乔李受到山西省委表彰

1982 年 4 月，乔李总支书记许锁子赴太原参加全省文明礼貌月表彰大会，乔李受到山西省委表彰。乔李村在全国第一个文明礼貌月中，深入开展“五讲四美三热爱”活动，家家户户行动起来，彻底解决“脏、乱、差”的问题，团总支组织青年开展学雷锋活动，全村群众受到一次热爱祖国、热爱社会主义、热爱中国共产党的深刻的教育。

◉ 1983 年山西省军区给乔李民兵营记一等功

1983 年 1 月 19 日，乔李大队总支书记、大队民兵营教导员赴太原参加全省民兵工作先进单位、先进个人大会，并在大会发言，山西省军区给乔李民兵营记一等功。3 月 3 日，临汾县委、临汾县人武部为乔李民兵营开庆功大会。

◉1990 年乔李被评为全省双文明一体化建设先进单位

1990 年 8 月 27 日，山西省双文明一体化建设现场会议在临汾召开，上午全体与会人员到乔李参观。省委常委、宣传部长张维庆讲话并题词“社会主义成功路，两个文明丰收果”。乔李被评为全省双文明一体化建设先进单位。

◉1991 年乔李村威风锣鼓队在地区受奖

1991 年 11 月 11 日，临汾地区举办“尧都威风锣鼓艺术节”，乔李威风锣鼓队首场表演，当晚乔李学校宣传队参加晚会演出，节后，乔李村威风锣鼓队获艺术节一等奖。

乔李被表彰为全省农业战线 20 个红旗单位之首　1991 年 12 月 22 日，山西省委、省政府召开全省农业战线红旗单位表彰大会，乔李村居 20 个红旗单位榜首。总支书记许锁子出席大会，代表乔李领奖。

◉1992 年乔李被确定为临汾地区小康建设示范村

1992 年 5 月 20 日，临汾地区小康建设示范现场会在临汾市召开，与会人员到乔李参观，乔李被地委、行署确定为全区十个小康示范村之一。

乔李村女子威风锣鼓队

◉ 1993 年乔李成为山西省第一个“农业科技综合开发示范村”

1993 年 8 月 31 日，山西省农科院将乔李村确定为全省第一个“农业科技综合开发示范村”，省农科院领导及驻村专家参加挂牌仪式。1994 年 1 月 18 日，乔李村老书记王运康率 100 多群众赴太原敲锣打鼓给省农科院赠匾，给驻村专家授奖，省委书记胡富国等十余位省领导出席仪式，胡书记发表热情洋溢的讲话。《山西日报》发表评论员文章，加以赞扬。

◉ 1996 年乔李向重点工程捐款 20 多万元

1996 年 1 月 29 日，中共山西省第七次党代会期间，全村党员、群众向省重点工程万家寨引黄工程捐献小麦及现金共计 21 万多元，由老书记王运康等人送至太原向党代会献礼，受到省委书记胡富国、省长孙文盛等领导的热情接待和赞扬。

◉ 1996 年山西省文明委表彰乔李为省首批“文明村”

1996 年 6 月 6 日，乔李村被山西省文明委表彰为全省十大文明标兵单位。12 月 28 日，省精神文明指导委员会表彰乔李为全省首批“文明村”。

◉ 2009 年至 2010 年乔李全面实施“美丽乡村建设”工程

2009 年至 2010 年，全村大街小巷 13 万平方米路面全部硬化，铺设排污水道 4.5 万多米。2014 年重铺迎泽大街路面。2009 年自来水管道全面改造，接通卧虎山水源，2010 年又接通南羊村水源，形成供水双回路，彻底解决全村供水问题。2012 年至 2015 年，村委会在北街和西城门外建设中和园小区和白马城小区，共建七幢六层楼房，共 276 套房，总面积 29610 平方米，一部分解决二孩分户需求（要求审批宅基地户）一部分出售给本村村民，解决其住房紧张问题；另一部分出售给外村到镇的经商户。2012 年，全村免费接通安装天然气，共接头1743户．至2016年，做饭使用率达95%，冬季取暖使用率达65%，因环保要求2017年冬天将达到95%以上。2016年8月开始拓宽改造村北环村路，全长2.7千米，宽12米，2017年5月完工。2016年建成“乔李村史馆”“乔李村档案室”，并重新装修图书室和老年活动中心。2017年建成乔李村古白马城文化广场和城南公园。

2013年落成的中和园小区

2016年临汾乔李机场复航通航

1959年3月，临汾乔李机场动工兴建，征乔李村耕地580多亩，在乔李村北2千米处。1959年9月1日建成通航，至1960年11月因国家经济困难而停飞之后，机场房屋、土地长期由乔李村管理、修葺、使用。

2009年，临汾乔李机场复航改造项目被列为重点工程。2010年9月20日隆重举行开工奠基仪式。2012年修成民航大道，征用乔李村土地110.4亩，涉及承包户102户。机场从2011年至2014年，共征用乔李村土地1477.8亩，涉及承包户共723户。民航机场于2016年1月25日正式通航。

附录

乔李村的诉说

《人民日报》记者　王艾生　安洋

农村大有希望（《人民日报》编者按） 看中国的变化，仔细关注农村，才能把握住大局。邓小平同志说："中国有 80% 的人口住在农村，中国稳定不稳定首先要看这 80% 稳定不稳定。城市搞得再漂亮，没有农村这一稳定的基础是不行的。"

迎国庆，编辑部组织本报记者从四面八方采写农村的变化。发回来的报道，有经济比较发达地区的典型，也有中西部地区的典型，共五篇。从这些典型看中国农村汲取以往的经验教训，正在走出一条希望之路。

《乔李村的诉说》是第一篇，讲的是这里选择了科技兴农、科技致富的路。村里的人说："农民当得有意思，又种地又长学问。"……

8 月 25 日，我们一进乔李村就碰上了一件新鲜事；

山西省农科院、科委、农牧厅、山西农大的 36 位专家，教授正在这个村进行成果鉴定，课题是《山西省临汾市乔李村粮棉果菜综合栽培技术体系研究及应用》。

“说到底，就是想让脚下这片黄土地把力出到家，叫咱农民心平气顺地种粮沾粮光，种棉得棉利，种菜发菜财，光咱对得起黄土地不行，非要捣鼓地让黄土地也对得起咱不可。”老支书王运康的一席话，把这项科研工程的意义讲得透透亮亮。

1991 年，这个村划出 2000 亩好地，贴上成千上万的钱，供省农科院的科研人员“想咋翻腾就咋翻腾，败了村里担着，成了咱都沾光”

段玉田、魏传珍、赵太铣、郭宽哲、陈永杰五位农科研究员在试验田里一蹲就是三年多，边试验，边推广，其结果是，乔李村的农业产值由三年前的 350 万元增加到 900 万元，人均收入由 850 元达到 1640 元，成为临汾地区的小康示范村。

乔李村选择的是一条科技兴农、科技富农的路子。

4062 口人的乔李村，资源就是那片 8125 亩的黄土地。

1988 年正月初八，130 名农业专家学者应邀云集乔李，召开了长达半月的“生态农业工程研讨会”。专家们依据乔李村的土壤结构、生态环境、气候条件等，一项一项具体拿出了实施立体种植、高效农业的方案。

办事认真的乔李人，外请 150 名兼职科技人员，成立了庞大的科普协会和科技服务站，成立了小麦、棉花、养殖、果树等 14 个单项研究会，发展壮大了 3 个良种繁育基地。

为了让习惯于眼见为实的农民，不担任何风险地享受成功的果实，他们一切试验都放在集体的“机动田”里进行，农民眼睁睁地望着成倍的收获后，自觉自愿地照搬在自己的责任田里。选种、择肥、施药、浇水、管理上的技术活，由各类作物研究会手把手地指导。

1991 年初，得到甜头的乔李人，索性把山西省农科院小麦、棉花、果树、蔬菜四个研究所组成的课题组请到乔李来，5 名研究员的衣食住行受到乔李村民的最高礼遇。

这个被农民更名的“财神组”，推广了小麦限水晚播高产技术，棉花优质丰产规范栽培技术，盛果期优质丰产管理技术，蛋鸡高产低耗管理技术，立体高效农业技术，日光温室蔬菜栽培技术。三年的结果，乔李村的小麦平均亩产达到 403 公斤，总增产小麦 140.6 万公斤，节约水费 24.6 万元。棉花平均亩产达到 75 公斤，130 个示范户亩产达到 100 公斤以上。发展大棚蔬菜 310 亩，创产值 27.9 万元。改造老果园 400 亩，亩产由 400 公斤达到 1400 公斤，获利 38 万元。发展新品种果园 100 亩，采用套袋和地膜覆盖技术，成活率高达 99%。

同时，他们还依据乔李的实情，在 2400 亩地里推广了三种三收试验成功的立体种植模式，小麦——地埂棉花——花生模式：7 行或 14 行小麦，地垄上密植 2 行棉花，小麦收获后再复种花生，农民亩收入达 1100 元；小麦——地埂玉米——早白菜模式：14 行小麦,2 行高密度玉米，小麦收获后 6 月底种早白菜，农民亩收入达 1210 元；小麦——菠菜——棉花——花生模式；7 行小麦间作菠菜，春季菠菜收获后，种 2 行棉花，小麦收获后复播花生，农民亩收入达 1380 元

乔李村从根本上实现了土地革命。

乔李人从骨子里成了土地的真正主人。

这是乔李村极不显眼的几位农民——

常金呆，夫妇俩养活着两个孩子“拨弄着 9 亩地”，他以去年为例扳着指头算一笔账：除去自家吃的用的贴上的，粮、棉收入 5480 元，菜、果收入 4560 元，白豆等杂粮收入 1440 元，他称自己是“净落下的万元户”。点了支烟，他话题扯了一大堆，“还是那几块地，原来是一种一收，落个冬天里身子穷轻松，现在是一种三收、四收，光上手不算，更多的用脑用心，一季松气时都没有，可看着那不断往出生钱的地，心里是种踏踏实实的高兴呀！”

走进孙成记的棉花地里，就像进了科研所，这位文底子并不厚的农民，一口气能讲出几十种小麦种的优点和缺点，纷杂烦琐的棉种和农药代号性能在他嘴里一串一串，温度、湿度、光照如数家珍似的一一道来，满脸挂着自信，“你看棉树，当初预计它长多高就是多高，这棉桃又鼓又饱，再上一次药，这 6 亩亩产 120 多公斤，万无一失。”他指着隔垄的菜地讲，“只要你肯钻，手勤，凭这么好的地，那么多的花样，一年捎捎带带就弄个一两万。”

王俊梅是从蒲县枣林村嫁进乔李的媳妇，丈夫百龙干泥瓦活，家里的 6 亩地由她一手操持着，“还是婆家的农民当得有意思，又种地又长学问，用了技术员教的晚播、限水高产技术，今年光小麦就收入 5000 多元，这都是我挣的，加上他的（指丈夫），怎么也上了两万块！”

那一天上午，李金尧刚从地里除草回来，进家门见了我们格外兴奋，硬要拉我们坐在靠窗口的沙发上，“江泽民总书记去年腊月来就坐这里，总书记走了后，我又抓了 200 只鸡，技术、饲料科技站包着，这不，4 月份已经下蛋了，一斤蛋出手就是三元七八，已弄回 2000 元啦，加上粮、棉、菜、收入，今年起码比去年多收 5000 元。”

……

倘若一般意义地论富，4062口人人均1643元的收入算不上辉煌，但乔李不寻常之处在于，达到这个平均数的农户占到84%，最低收入的也在930元，而且基本上是在原本那块并不肥沃的黄土地上刮出的金，这不能不说是一个普遍意义上奇迹。

1994年2月1日，中共中央总书记江泽民来到乔李村，总书记走田间，串农户，真真切切看到一个共同富裕中的社会主义新农村，面对面地从乔李村的炕头、地垄结识了一代与科学和土地结伴的新农民。

“一个脚窝一首歌”的乔李村在深情地向黄土地诉说着，“过去光用汗水服侍你，又涩又咸，现在我们用智慧滋润你，又喜又甜”。

“一季一个新变化”的乔李人在一字一句的向社会诉说着，“对于咱农民来说什么是财，什么是钱，黄土地加科技再加高效劳动就是取之不尽的财，就是永远花不完的钱”。

“一年要上一个新台阶”的乔李村，在踌躇满志地描绘着一张三年规划图：1996年工农业产值上亿元，人均纯收入上2600元，人均产粮1000公斤。

我们离开乔李那一天，村里人听说“粮棉果菜综合栽培技术体系研究及应用”成果鉴定出来了，全村的锣鼓，鞭炮连成了串……

（原载《人民日报》，1994年9月21日，头版）

山西省委省政府关于表彰农业战线红旗单位的决定

（一九九一年十二月二十一日）

（山西省委文件　晋发〔1991〕65号）

党的十一届三中全会以来，我省农村普遍实行了以家庭联产承包为主责任制，极大地调动了广大农民的积极性，农村发生了历史性的变化。在农村改革与发展中，全省涌现出一大批先进集体。他们坚持社会主义方向，积极发展农业生产力，商品经济意识日益增强，精神面貌发生了新的变化，在物质文明和精神文明建设中，取得了显著成绩，表现了可贵的创业革新精神，是农村先进生产力的代表，是实现共同富裕、奔向小康的榜样，在全省具有广泛的影响，发挥了积极的带头作用。

为了更好地贯彻落实党的十二届八中全会精神，充分发挥先进典型的榜样作用，进一步加强农业和农村工作，省委、省政府决定表彰临汾市乔李村、汾阳县贾家庄村等二十个先进村，把他们树为全省农业战线的红旗单位（名单附后）。

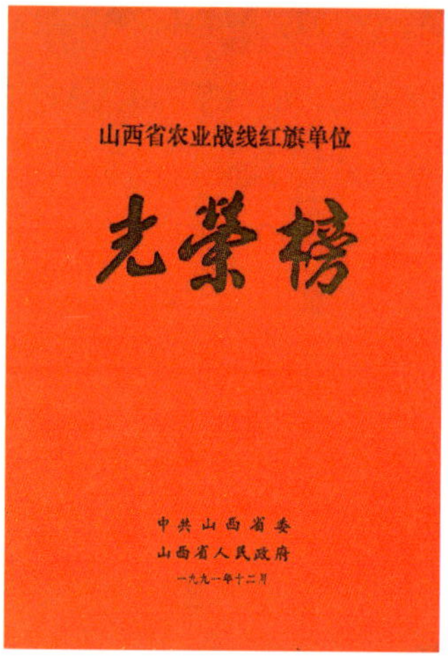

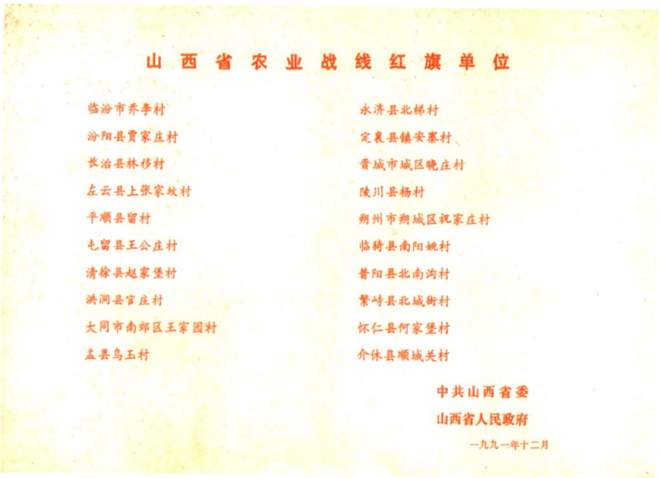

山西省农业战线红旗单位

临汾市乔李村
汾阳县贾家庄村
长治县林移村
左云县上张家坟村
平顺县留村
屯留县王公庄村
清徐县赵家堡村
洪洞县官庄村
大同市南郊区王家园村
盂县乌玉村
永济县北梯村
定襄县镇安寨村
晋城市城区晓庄村
陵川县杨村
朔州市朔城区祝家庄村
临猗县南阳姚村
昔阳县北南沟村
繁峙县北城街村
怀仁县何家堡村
介休县顺城关村

中共山西省委
山西省人民政府
一九九一年十二月

光荣榜

省委、省政府号召，全省农业战线的广大共产党员、干部和群众都要向他们学习，在九十年代实现国民经济和社会发展第二步战略目标的过程中，加强农业基础，深化农业改革，发展农村经济，创造新的业绩。要像他们那样，坚决贯彻执行党的基本路线，认真执行党的农村政策，稳定以家庭联产承包为主的责任制，充分发挥集体统一经营的优越性和农户承包经营的积极性，逐步壮大集体经济；要像他们那样，努力增加对农业的投入，坚持不懈地开展农田水利基本建设，有效地改善农业生产条件，实施科技教育兴农战略，大力推广科学技术，提高农民的文化科技素质，推进农业现代化；要像他们那样，因地制宜，合理调整产业结构，在保证粮食稳定增长的同时，大搞农业综合开发，积极发展多种经营，努力兴办乡镇企业，促进农村经济的全面发展，增加农民收入，改善农民生活；要像他们那样，切实加强村级组织建设，使党支部充分发挥核心领导作用，村委会正确执行法规政策，发挥组织职能，村经济合作社全面发挥统一经营的职能，团支部、妇代会、民兵组织都能按照各自的职责积极发挥作用；要像他们那样，坚持开展社会主义思想教育，加强精神文明建设，培养和造就一代有理想、有道德、有文化、有纪律的新型农民，坚定广大群众走社会主义道路的信心和决心，进一步巩固农村社会主义阵地。

省委、省政府要求，全省各级党委和政府在贯彻落实党的十三届八中全会精神过程中，大力宣传这二十个红旗单位的先进事迹，在广大农村积极开展学先进、赶先进活动，为开创我省农业和农村工作新局面而奋斗！

关键是建设一个好的党支部

《山西日报》评论员

在党的生日即将到来的时候，本报特发表《要有真正的领导权》的长篇通讯，这篇通讯总结了受到江泽民总书记高度赞扬的临汾市乔李村党总支在改革开放中建树领导权威、带领群众共同致富的实践经验。他们的成功经验，不仅值得全省农村党组织学习，也值得其他各条战线的党组织借鉴。

党中央和八届全国人大二次会议，确定了“抓住机遇，深化改革，扩大开放，促进发展，保持稳定”的总方针。这是全党的大局，全国的大局。维护这个大局，需要我们打好各项改革的攻坚战，需要我们克服面临的种种困难，需要全党和全体人民同舟共济、同心协力。这一切，都需要有强有力的政治保证和组织保证，核心就是党的领导。在农村，就是要建设一个好的党支部。

几十年的风风雨雨雄辩地证明，党的坚强领导，是我们的事业冲破艰险、走向胜利的根本保证。而今天的改革开放要比过去任何时期情况复杂得多，任务艰巨得多。随着改革的不断深化，农业和农村工作所要解决的矛盾和问题很多，因此，更需要加强和改善党的领导，建树党的领导权威，更需要有成千上万个乔李村那样有凝聚力、号召力、战斗力的党组织。

从农村来看，所以有些地方集体经济无实力，为民办事无能力，干部说话无威力；所以有不少地方经济搞上去了，物质富有了，但“精神贫穷”了，党风、村风、民风日下；所以有不少地方的少数干部，只顾个人发家，发挥不了带领群众共同致富的作用，干群关系紧张，根本原因就在于这些农村的党组织涣散，队伍涣散，作风涣散，归根结底是班子涣散，无力解决好改革开放中出现的一些新问题，竖不起来领导权威。这样，怎么能把改革、发展、稳定的主动权抓在手上呢？

江泽民总书记 2 月初视察乔李村时指出：“农村基层工作的核心问题是要建设一个好的党支部。假如我们农村的党支部都像乔李党总支这样子，那就好办了。”一个好的党支部，就要有真正的领导权。乔李党总支所以有权也有威，其基本经验就是：要求一班人，“政治上要敏感，思想上要端正，作风上要民主，经济上要廉洁”，遵循这四句话建设自身、约束自身、完善自身。

要有真正的领导权，就必须坚持既解放思想、又实事求是的思想路线，善于把党的各项改革的方针政策与当地实际结合起来，把党中央的号召真正变成广大人民群众的实际行动。党组织的领导权威，只有在正确执行党的方针政策中才能树立起来。脱离实际的领导，是不可能正确执行党的政策的，是不可能把握好有中国特色社会主义方向的，当然就不可能有权威性，不可能有真正的领导权。

要有真正的领导权，就必须坚持共同富裕的社会主义道路。这就要处理好鼓励一部分人先富起来与带领群众共同致富的关系。在农村，党支部、村委会，就要毫不动摇地既鼓励一部分经营能力强的人合法致富，也要不断发展壮大集体经济实力，并依靠这种实力为群众办实事，谋利益，这样才会有凝聚力、号召力，才有条件领导农民走上共同致富的道路。

要有真正的领导权，就必须坚持发扬密切联系群众的作风。能不能与群众保持和加深血肉般的联系，是关系到我们党能不能巩固和加强领导地位的大问题。没有群众基础的领导权，如同建立在沙滩上的阁楼，是不牢固的。尤其是在改革进入关键阶段的时候，我们的各级党组织和党员干部，越需要用心体察民情，善解民意，一切从最广大群众的利益出发，投入一片爱心，一片深情，发扬民主作风，坚持群众路线，真正和群众打成一片。如此，我们共产党人才能如鱼得水，永远立于不败之地。

要有真正的领导权，必须坚持党的全心全意为人民服务的宗旨。这就要求我们的农村党员干部必须处理好个人致富与带领群众共同致富的关系，就是要以身作则，廉洁自律，克己奉公，吃苦在前，享受在后，把主要精力用到为群众谋利益上去，用到领导农民共同致富上去。这是取信于民，形成领导权威的根本保证。

乔李党总支按照“四句话”的要求不懈地加强自身建设，赢得了群众的拥护，赢得了自身的权威，并靠这种权威领导全村人民在共同富裕的道路上前进，他们无愧于我省农村党支部的榜样！

（原载《山西日报》，1994年6月29日，头版）

中共临汾市委关于在全市开展向乔李村党总支学习的通知

（中共临汾市委文件　临市发〔1994〕12号）

各乡镇、街道办事处党委，市直各部、委、局党委、总支、支部，各农村党总支、支部：

党的十一届三中全会以来，乔李村党总支坚定不移地贯彻执行党的基本路线和方针、政策，不断完善双层经营体制，发展壮大集体经济，带领群众走共同富裕的道路，有力地促进了全村两个文明建设。他们多次受到上级党委的表彰，今年“七、一”乔李村党总支再次被评为全省先进基层党组织，受到省委表彰。最近《山西日报》发表了乔李村《要有真正的领导权》的长篇通讯。这篇通讯总结了乔李村党总支在改革开放中建树领导权威，带领群众共同致富的实践经验。今年二月初江泽民总书记视察乔李村时，对他们的工作给予了高度赞扬和充分肯定，并指出：“农村基层工作的核心问题是要建设好一个好的党支部。假如我们农村的党支部都像乔李党总支这样子，那就好办了”。一个好的党支部，就要有真正的领导权。乔李党总支所以有权也有威，其基本经验就是：要求一班人“政治上要敏感，思想上要端正，作风上要民主，经济上要廉洁”。他们的经验不仅值得农村基层党组织学习，也值得其他各条战线的党组织借鉴。

随着改革的不断深化，农业和农村工作所面临和要解决的新情况，新问题很多。因此，更需要加强和改善党的领导，建树党的领导权威，更需要有一大批像乔李村那样有凝聚力、号召力、战斗力的党组织。为了切实加强农村基层党总支建设，组织引导群众齐心协力奔小康，推动农村经济再上一个新台阶。市委决定在全市开展向乔李村党总支学习的活动，特通知如下：

一、学习乔李村党总支，就要坚持解放思想，实事求是的思想路线。在工作中乔李党总支善于把党的各项改革的方针政策与当地实际结合起来，把党中央的号召真正变成广大人民群众的实际行动。各基层党组织要象乔李村党总支那样，在执行好党的政策与实际结合上下功夫，既要大胆工作，勇于创新，又要从实际出发，因地制宜，只有这样才能把党的路线方针和政策贯彻好，落实好，才能把广大群众的积极性真正调动起来，形成齐心协力奔小康的新局面。

二、学习乔李村党总支，就是要坚持社会主义方向，走共同富裕的道路。他们在完善家庭联产承包责任制上，对集体经济“宜统则统，宜分则分”，使集体经济不断发展壮大。在执行鼓励一部分人先富起来的政策上，他们坚持了一个原则：“鼓励一部分人先富起来是手段，带动大家共同富裕是目的”，正确地处理了鼓励一部分人先富起来与带领群众共同致富的关系，有效地避免了贫富差别过大的问题。各基层党组织要象乔李村党总支那样，既要毫不动摇地鼓励一部分经营能力强的人合法致富，又要不断发展壮大集体经济实力，并依靠这种实力为群众办实事，谋利益，这样党组织才会有凝聚力、号召力，才有条件领导农民走上共同富裕的道路。

三、学习乔李村党总支，就是要坚持密切联系群众的工作作风。能不能同群众保持和加深血肉般的联系，是关系到我们党能不能巩固和加强领导地位的大问题。各基层党组织就要象乔李村党总支那样，一切从最广大群众的利益出发，充分发扬民主，坚持群众路线，对村里的重大问题实行民主决策，民主管理，民主监督，经常体察民情，善解民意，真正和群众打成一片，始终与群众同甘共苦，保持血肉般的联系。

四、学习乔李村党总支，就是要牢固树立全心全意为人民服务的思想。各级党组织要象乔李村党总支那样，时刻牢记党的宗旨，不断强化“公仆”意识，以身作则，廉洁自律，克己奉公，吃苦在前，享受在后，把主要精力用到为群众谋利益上去，用到领导农民共同致富上去。

各级党组织要把学习乔李村党总支经验，列入重要议事日程，认真研究，精心组织。一是要本地实际，制定学习措施。二是要充分利用黑板报、广播、党员活动阵地，大力宣扬乔李村党总支的先进事迹和典型经验，在全市农村党支部和广大党员干部中迅速掀起一个学乔李、赶乔李的热潮。三是要切实抓好党支部班子的思想作风建设，加强以党支部为核心的村级组织建设，确实把农村党支部建设成一个具有凝聚力、号召力、战斗力，能够带领群众深化农村改革，发展农村经济，搞好精神文明建设，实现共同富裕的坚强堡垒。

一九九四年七月三日

乔李村村规民约

一、热爱祖国，热爱党，热爱社会主义，热爱集体经济，热爱劳动，执行国家种植计划，信守各种经济合同，完成粮棉油征购任务。

二、树立共产主义高尚风格，先公后私，舍己为人，顾全大局，助人为乐，一处有难，八方支援，一家有事，大家帮助。

三、学政治、学文化、学科学，不信神、不信鬼、不搞封建迷信活动。相信科学，践行科学种田。

四、遵守纪律，维护公共秩序，爱护公共财物，靠劳动发家，靠集体致富。不打架斗殴，不损公肥私，勇于同损害国家和集体利益的坏人坏事作斗争。

五、植树造林，绿化祖国，积极栽树，提倡种花，搞好四旁绿化，美化村容院落。

六、搞好环境卫生，管好家禽家畜，改良水井、厕所、畜圈，实现鸡有笼，猪有窝，畜有圈，不在公共场所、大街小巷堆积粪便、垃圾和柴草。

七、婚姻要自主，父母莫包办，反对买卖婚姻，反对索要财礼。婚丧事不大操大办，不请客送礼，不使用僧道吹鼓手。提倡晚婚，实行计划生育。

八、建设文明家庭，夫妻互敬，孝敬老人，教育子女，尊婆爱媳，姑嫂礼让，妯娌和睦。建设文明巷、文明院，敬老爱幼，邻里团结，互相包容，和睦相处。

九、建设文明市场，诚实守信，公平贸易，不准欺行霸市，不准销售假货，不准空买空卖，不准吵架斗殴，维护良好的市场秩序。

十、干部作风要民主，办事要公道，对群众生活要关心，不搞特殊化，不徇私舞弊，社员要服从领导，支持干部工作。

以上各条，人人遵守，干部带头，社员力行，好的奖励，违者惩处。

1982 年 10 月

◉ 主要参考文献

1.《临汾市志》编纂委员会编 :《临汾市志》，海潮出版社，2002 年。

2.《临汾市志》编纂委员会编 :《临汾市志》，海潮出版社，2013 年。

3.《临汾县志》(明万历十九年版)。

4.《临汾县志》(清康熙戊戌版)。

5.《临汾县志》(民国 22 年版)。

6. 奔小康丛书编辑委员会编，郝忠礼主编 :《奔小康丛书 · 乔李》，山西人民出版社，1994 年。

7. 临汾市委党史办编 :《中共临汾大事记述》，中央文献出版社，2013 年。

8. 尧都区老区建设促进会编印 :《临汾革命老区》，2003 年。

9.〔宋〕司马光著 :《资治通鉴》，中华书局。

10. 谭其骧 :《中国历史地图集》，中国地图出版社。

11.《魏书 · 地理志》。

12. 王振湖、宋庆云编著 :《威风锣鼓》，北岳文艺出版社，2000 年。

13.《尧都方言特色》(邓柏青文)。

14. 乔李村六种明清家谱及九种现代家谱。

◉ 编纂始末

编一部《乔李村志》是乔李村干部群众多年的夙愿，其间曾几次组织人员搜集资料，也写出部分章节。去年适逢中国地方志指导小组启动中国名村志文化工程，并有幸列入其中，乔李镇党委、政府积极支持，乔李村党总支、村委会立即组织人员内查外调，访老问贤，采辑资料，统计数字。特别是 2017 年 3 月中国地方志指导小组办公室在上海开篇目论证会之后，组织编写人员根据任务排出进度，加班加点，经过三四个月努力写出初稿，又反复修改逐级呈送上级地方志办终审验收、审定。

乔李古镇从西汉初年楚汉之际的白马城，至北魏到隋唐时的禽昌县及晋州的治所，铸就了悠悠两千多年的古代文明之光；至近代，在革命战争年代，乔李英雄儿女前仆后继，流血牺牲，谱写了可歌可泣的光辉篇章；解放以后，特别是改革开放以来，乔李人民在中国共产党的领导下，艰苦创业发展壮大集体经济，不断深化农村改革，成为三晋大地上一颗璀璨的改革明星和奔向共同富裕的一面旗帜。本志突出乔李文明古镇的光荣历史和社会主义新农村典型两个“亮点”，遵循方志体例，把记注与撰述结合起来，记述力求客观准确，文字力求优美生动，既保证志书的基本要求，又增强志书的可读性。编纂同仁以此为努力目标，若能得到读者一份肯定，我等心血汗水就十分值得了。

本志由王中央主持编纂，刘秋祥、郭东升、刘晓峰参与编写部分篇目，王金娥、霍建民负责搜集资料，吴泉林提供资料照片，刘志杰帮助插图。同时，得到尧都区档案局、统计局的大力支持，使得本志能够在短时期完成，这是大家努力的结果，是集体智慧的结晶。

在编纂过程中，中国地方志指导小组办公室、中国名村志编纂委员会办公室、方志出版社、山西省地方志办公室、临汾市地方志办公室、尧都区地方志办公室领导和专家及时指导、关怀和帮助，我们深表感谢。

因本书中所选照片及诗词文章众多，部分作品未能在出版前及时联系到著作权人，请著作权人看到后与我们联系，我们将奉上稿酬。由于时间仓促，更因编者水平局限，疏漏舛误一定不少，恳请读者批评指正。

编　者

2017 年 9 月